新　闻　学　与　传　播　学　前　沿

美国性别传播研究

——历史脉络与范式框架——

Research on Gender Communication in the United States

Historical context and paradigm framework

张敬婕——著

中国传媒大学出版社
·北京·

自 序

每当我在头脑中回想起自己十多年前写就的这部书稿，就会自然而然地想到牛顿曾描述的那种情景——“我不知道世上的人对我怎么评价。我却这样认为：我好像是在海上玩耍，时而发现一个光滑的石子儿，时而发现一个美丽的贝壳而为之高兴的孩子。尽管如此，那真理的海洋还神秘地展现在我们面前。”

我很爱这部书稿，因为它是我投入心血和智慧的结晶，它就像那个光滑的石子儿，也像那个美丽的贝壳，但它确实只能算是神秘海洋里的一个非常微不足道的存在。我尽管爱它，却也总在质疑它，挑战它。

这部书稿是我的博士论文。

作为一个传播学专业国际传播方向的博士论文，它是个异类。因为它没有采用这个学科传统上惯常使用的那些研究方法和范式，也因此导致这部书稿在答辩的各个环节都面临着重重挑战。参与考核这部书稿的导师们（面对面或匿名评审）都是心地善良又恪守学术规范之人，所以他/她们的内心肯定也经历了种种挣扎：这样的论文应该用什么标准来让它通过或者不通过呢？我的导师想必心里也经历了这样的挣扎，她在答辩之前没有跟我特别讨论过这篇论文的“调性”，只是从结构规范上给我提出了建议和指导，而答辩之后她再也没有跟我谈起过这篇论文。一度，我对这篇论文也是不想提起的，它作为一篇让我拿到博士学位的论文，它的使命应该结束了。但是，我又总会想起自己为何做这个题目，为何选择以哲学思辨这种人文研究方法而不是实证研究方法来开展这项研究的初心。

2009 年的时候，我的导师刘利群教授跟我说，性别传播这个领域的很多问题在学界的讨论中一直没有一个清晰的交锋过程和相应的结论。虽然当时很多有名望的国内外学者都在做这个领域的研究，可是没有看到什么文章或者专著来讨论性别传播研究的历史和范式。当然，我导师的这个判断后来得以证实——我在美国留学的一年中，通过图书馆查阅的大量文献可以证明。对于“历史和范式”如何展开研究，本身存在着很多种可能性，如何破好题、巧破题是我最花时间和精力去考虑的事。在搜集资料和选择相应研究方法的过程中，随着问题意识越来越清晰，我对这个选题也越来越喜爱。除此之外，选择这个选题还有另外一个原因。刘利群教授除了是我的导师，也是我的领导。我们都工作于中国传媒大学媒介与女性研究中心，这个单位是联合国教科文组织“媒介与女性”教席，也是全国妇联妇女研究与培训的基地。这个平台促使我们有使命感，我们想要把这个问题搞清楚。

学术研究的特点就是每个学者会根据自己的学科背景和学术积累来看待和分析特定的问题。学术研究的问题往往没有唯一的、标准的、推至四海而皆准的答案，也没有唯一正确的解决问题的路径、范式和方法。面对“美国性别传播研究的历史脉络与范式框架”这个选题，我尽了全力去呈现我的答案及其论证过程。在博士毕业答辩后，本书主要章节亦陆续单独发表于本研究领域的核心刊物上，分别是《20 世纪 90 年代以来性别传播研究的话语情境与研究取向》发表于《新闻与传播评论》(2012 年);《论性别与传播交叉研究的两种范式》发表于《国际新闻界》2012 年第 2 期;《性别传播研究的本体之辨》发表于《妇女研究论丛》2015 年第 1 期;《论美国性别传播研究争取话语资源的历史路径》发表于《现代传播》2022 年第 11 期。

作为个人观点和一家之言,由我的博士论文转化而来的这部书稿有其独特性,也有其局限性。全书无论是方法还是观点,都是我个人的浅陋愚见。尽管其完稿于十余年前,因为是偏理论化的学术研究,所以也许谈不上“过时”。此书禁不禁得住历史的考验,我亦满心忐忑和期待。

感谢刘利群教授和媒介与女性研究中心提供的出版机会,我愿意将这部书稿拿出来跟读者见面,接受读者的批评指正。

本书写成于十几年前,大部分英文资料均查自美国夏威夷大学希罗分校图书馆,亦有小部分资料来自该校传播系教师与我交流探讨问题时提供的未公开发表的文章。本书提及的部分英文书籍原版内容可在中国国家图书馆内查询并自行复印。另外,本书小部分索引提供的网址目前因各种原因已无法显示,能替换的已做替换处理,不能替换的只能在原处标明了当时查询网址的时间。特此说明,望读者朋友们理解!本书审校的黄松毅编辑、张静编辑为此书付出了大量辛苦卓绝的心血,本书的出版离不开每位审稿人的无私付出,在此向她们致敬!祝阅读愉快!

张敬婕

2022 年于北京

目　录 Contents

绪 论

一、研究的缘起与意义

20 世纪 60 年代以来,女权主义思潮由最初的社会运动逐渐升华和提炼为一种独特的理论视角和批评方法,广泛渗透到各个研究学科及研究领域;同时,父权制社会对于女性形成的隐性文化压迫使女权思潮以及社会性别视角广泛而深刻地介入了媒介呈现、媒介制作与受众研究等领域。通过揭橥媒介及现实生活中广泛存在的性别歧视与压迫,在传播学研究中,女权主义研究议题与性别实践逐渐形成一种特征鲜明的学术集合体。在此背景下,依托女权主义学术(feminisms)的话语资源而发展起来的社会性别(gender)概念和社会性别研究(gender studies),与传播学进行了跨学科研究领域、研究范式的对接,形成了以性别、媒介、传播为基础研究对象的独特研究领域。

性别与传播的交叉研究作为学者们一种自觉的知识生产,自 1977 年"女性"①"黑人"与"亚裔"合并为"少数群体"且这一词条被列入

① 在英文中,women's right 不仅包括已婚的女性,也涵盖青少年和未婚女性。在中文中,"妇女"一般指已婚女性。基于语言使用习惯上的差别,本书中凡是 women/woman 都统一译为"女性"而非"妇女",但是对一些约定俗成的节日名称或专有名词,本文保留了"妇女"译法,例如,"世界妇女大会""国际劳动妇女节"。

《新闻与大众传播季刊》之始,性别与传播的交叉研究便形成了一个独立的跨学科研究领域,并得到了传播学知识体系的接纳①。若以此为依据,美国性别与传播的交叉研究至今已有四十余年的发展历程。

"女性"成为隶属于"少数群体"的一个分类词,并成为新闻与大众传播研究聚集问题和分析问题的一个视角,在某种意义上标志着社会性别的差异视角开始被引入传播学的研究体系。它与历史视角、传统的其他理论视角等发生了有意义的碰撞和对话,从而使交叉研究性别与传播的学者不断考量如何界定这个独特的视角——"性别"(gender)代表着一个研究范畴、一种研究立场、一种研究机制,还是一种相对独特的理论方法?在这个过程中,学界对于社会性别的理论价值的认知也经历着一个变化过程。

至今为止,仍然有相当数量的学者坚定地认为性别与其他分类方式(如种族、学科背景、年龄等)一样,只是量化统计中的一个类别变量,并不承认其具有理论阐释的功能与价值。同时,有相当数量的学者承认,随着人们对社会性别作为一个理论范畴的理解的不断深入,社会性别对于传播学的影响也在逐渐发展壮大;在性别与传播的交叉研究中,社会性别所承载的功能也由单纯的"构成要素之一"逐渐扩展为"形成新范式的理论支点"。

性别与传播的交叉研究作为一个独立的研究领域,其发展历程势必受到性别研究发展史和传播研究发展史的影响,性别研究与其他学科的交叉研究也渐渐被传播学研究关注和接纳;因为性别与传播交叉研究及社会文化的构建和传承有着密不可分的关系,所以这一研究领域也受到了其他不同学科及其研究者的普遍关注。

---

① 这种接纳更多是名义上的。实质上,社会性别研究和女权主义研究的理论价值还并未被传播学的学术系统广泛接纳和认可。

梳理1977年以来性别与传播交叉研究的发展历史，不难发现这一研究领域的特征：

首先，这一研究领域并不存在一个较为统一的、单一的研究模式。社会性别研究立足于解构与批判的立场，所以自身无意于建构一个单一、固化的"本质主义"的研究模式。它往往将差异性的视角引入具体的研究过程，质疑研究对象、研究语境、研究立场以及具体运用的理论和方法中是否存在压迫性的性别偏差与盲点。在某种意义上，这一研究领域是较为典型的"情境化的知识"，根据特定的研究目标和问题意识来设计相应的研究路径、选择相应的研究方法。

当然，依托媒介研究、传播学研究发展起来的较为成熟的常用理论与方法以及适用度更广的社会科学研究、人文科学研究的各种资源，都是在媒介研究中进行社会性别分析的理论工具，同时，这些资源也构成了分析传播链条中性别议题、性别政治的理论和方法的来源。

性别研究的开放性与包容性，加上媒介研究与传播学研究的多样性，促成了性别与传播交叉研究丰富的可用资源。面对同一个研究议题，我们可以从多种理论角度进行深入阐释，但由此带来的挑战是差异化的研究路径与理论依据，因此，性别与传播交叉研究的"碎片化"特征难以避免。

其次，性别与传播的交叉研究对其核心概念——社会性别(gender)——的差异化理解与使用，会产生很重要的理论分野。

社会性别概念最早在美国学术界被提出时，是为了凸显两性生理差异(sexual difference)而导致的男女两性在社会关系、社会地位上存在等级差异的问题，是从性别的角度强调不同语境及各种相关因素对社会权力关系和男女两性所产生的现实影响。

关于社会性别概念,相关的阐释有以下 5 种:

《英汉妇女与法律词汇释义》给社会性别的定义是:“社会性别一词用来指由社会文化形成的对男女差异的理解,以及在社会文化中形成的属于女性或男性的群体特征和行为方式。”①

《牛津社会学词典》给社会性别的定义是:“社会性别关注男女之间由于社会结构性原因所形成的差别,社会性别不仅指个体层次上的认同和个性,而且指结构层次上的在文化预期和模式化预期下的男子气和女子气。”

《加拿大国际开发署性别平等政策》给社会性别的定义是:“性别指的是由社会化过程所构建的女性和男性的作用和责任。性别这一概念也包括对女性和男性的特点、态度和行为的一种期望。”②

《社会性别分析框架指南》指出:“社会性别概念被社会学家用来描述在一个特定社会中,由社会形成的男性或女性的群体特征、角色、活动及责任。因为社会的组织方式,我们的社会性别身份决定了社会如何看待作为男人和女人的我们,以及期待我们如何去思考和行动。”③

《联合国计划开发署社会性别与发展培训手册》给社会性别的定义是:“泛指社会对两性及两性关系的期待、要求和评价。社会性别常常在社会制度(如文化、资源分配、经济体制等)中以及个人社会化的过程中得到传递、巩固。”④

---

① 谭兢嫦,信春鹰. 英汉妇女与法律词汇释义[M]. 北京:中国对外翻译出版公司,1995:145.

② 林志斌,李小云. 性别与发展导论[M]. 北京:中国农业大学出版社,2001:42.

③ 马奇,史密斯,穆霍帕德亚,等. 社会性别分析框架指南[M]. 北京:社会科学文献出版社,2004.

④ 杨晓宁,孔伟. “社会性别”概念辨析[J]. 临沂师范学院学报,2003,25(5):115-118.

以上罗列的文献,对社会性别的定义尽管在具体表述上有所差别,但对社会性别的基本内涵的界定是一致的,即强调社会性别是以男女两性生理差异为基础的社会关系与权力关系的等级和差异的研究。

产生于美国学界的社会性别概念在世界各地展开了“理论旅行”,并与不同文化传统及社会控制机制展开了对话和渗透,从而衍生出各不相同的、“在地化”的理论内涵。也就是说,如果将社会性别作为一个符号来解读,那么它的“能指”是一致的,但是“所指”是各不相同的。

例如,1995 年第四次世界妇女大会召开前后,拉美女性通过对社会性别的翻译与诠释,与天主教会展开了一场尖锐的抗争,其目的是争取与拉美女性有切身利益关系的各种权利,包括人工流产合法化、承认同性恋群体的性取向的合法性、确认单亲家庭的合法地位等。在我国,受益于政府对第四次世界妇女大会的重视,社会性别概念很快得到了当时中华全国妇女联合会主要领导及民间女权研究者和行动者的承认与接纳。gender 在中国语境下的翻译与解释紧紧围绕着当时社会的主要议题展开——女性的主体性、女性的社会权利和政治权利(如妇女的贫困化、农村妇女的土地分配权、村民选举中的性别平等、女童教育等方面)的倡导与保障等。[①]

首次将 gender 译为社会性别的是美国密西根大学妇女系教授王政,她认为社会性别概念虽然是西方女权主义研究者所提出的一种理论框架,但将社会性别当作一种制度和一种社会关系来认识和使用的做法值得国内学界继续探索与挖掘。因为中国学界和

---

① 闵冬潮. 全球化与理论旅行:跨国女性主义的知识生产[M]. 天津:天津人民出版社,2009:167.

妇女活动界对社会性别的理解基本上是仅把它作为与“妇女”(或曰“女性”)相关的概念。[①] 这种情况与 gender 在美国学界曾遇到的状况是一致的。

琼·W.斯科特(Joan. W. Scott)将这种状况产生的背景及其误区进行了归纳,她认为,“社会性别”一词最新、最简单的用法,就是作为“女性”的同义词。在过去几年里,很多研究女性史的书籍和文章都在题目中将“女性”换成了“社会性别”。在有些情况下,这种替换虽然模糊地涉及某种分析概念,但实际上是为了使其在这个领域的政治里更容易被接受。在这种情况下,使用“社会性别”是为了表示一部著述的学术严肃性,因为“社会性别”听上去比“女性”更为中立、客观。“社会性别”似乎同社会科学的术语很相称,于是它把自身从女权主义政治中分离出来了。在这种用法里,“社会性别”既不携带着关于不平等或权力的必要声明,也不识别受到不公正对待及迄今为止被历史遮蔽的一方。“女性史”这个术语强调(和惯常的实践不同)女性也是被认可的历史主体,以此宣告自己的政治性,而“社会性别”包括女性,却不特指女性,因此显得没有造成什么关键性的威胁。“社会性别”的这种用法可以说是 20 世纪 80 年代女权主义追求学术合法性的一个侧面。[②]

其实不只是 gender 这个词的译法存在很多不同的认知,当 feminism 被引入中国时,也经历了是译为“女性主义”还是“女权主义”的讨论。赞成译为“女性主义”的学者认为,这种译法可以避免引起强烈的抗拒心理,将 feminism 包装成柔性的、温和的研究,符合一种文化上的多样性规则。例如,北京大学的戴锦华教授在 2022 年读书日的直

① 王政.社会性别研究在国内外的发展[J].中华女子学院山东分院学报,2009(5):1-7.

② SCOTT J W. Gender and Politics of History[M]. New York:Columbia University Press, 1988:31-32.

播中[①]曾说:“我要强调的是,我当时认为女性主义在中国是一个非常恰当的翻译,因为当时(20 世纪 80 年代、90 年代)中国女性在政治、法律、经济上的权力位置在世界上都是领先的,我们更关注的是文化、性别自觉,关注的不是权利的获取或提高,但是我觉得现在的语境是有所变化的,也许我们应该重新讨论。”赞成译为“女权主义”的学者认为,这个词从其产生到其诉求,都涉及权利(right)与权力(power),如果忽视这一点,feminism 便没有了存在感和继续发展的意义。

琼·W. 斯科特提炼了社会性别与女权主义学术的内在关系——社会性别的理论视野与内涵是基于女权主义立场和认知而发展起来的。“社会性别”的提法是为了规避片面强调“女性”的研究取向的误区。

不同国家、不同的学者对 gender 概念的多样化诠释甚至是误读凸显了它的两个重要特性:

其一,并不存在本质化的、唯一正确的 gender 概念及其诠释方式。gender 可以被设置在不同的话语框架内,并与特定的历史语境及哲学观念相呼应,从而产生特定的意义。

其二,gender 概念同许多其他的理论一样,没有明确无误的“起源”,也没有明确的“终点”。任何一种对社会性别的具体表述都是在由特定的种族、民族、阶级、性取向、语言和文化所构成的情境中产生的特定意义。[②]

也正是因为 gender 的多义性,它作为一个理论资源被使用时,总

① 相关的同样表述亦可见戴锦华. 化解花木兰式文化困境[EB/OL]. http://zhuanlan.zhihu.com/PI107868515.

② 闵冬潮. 全球化与理论旅行:跨国女性主义的知识生产[M]. 天津:天津人民出版社,2009:167.

是较为笼统地强调"性别平等原则"（gender 的基本立场），而忽视它与不同的语境、不同研究对象对接时所展现出的特有理论指向。由于对社会性别理论内涵开掘不够，很多研究出现了表面化、简单化、同质化的问题。还有相当一部分研究始终对某些具体而微观的议题展开批判，缺乏对性别与传播研究自身规律、范式、理论和方法的深入探讨。

最后，性别与传播的交叉研究（尤其在美国）已发展为参与社会文化建构的一个基础性话语资源。伴随着三次女权主义浪潮的发展，社会性别研究历经了从"相对边缘"的亚文化到发挥"主导"角色的理论框架的转变过程（它可以介入任何议题，并因此发酵为热点话题，这种能力与影响力是其占据主导角色的依据）。这种转变推动了性别传播研究的理论化发展，也促进了性别议题与社会议题、媒介议题的结合，从而对社会文化的建构与引导产生了多方面的影响。例如，无论是妇女就业，还是选择性流产，抑或是女性参政，提高公司领导层女性比例，是否反对二元对立、是否反对任何形式的霸权、是否支持多元化等，性别视角和理论取向全面而细致地介入社会生活的方方面面，它不再是一个单纯判断两性生理性别的分类词，而成为代表更多差异性取向的分水岭。

总的来看，对美国性别传播的历史脉络与范式展开研究，在以下几个方面具有理论价值：

首先，有助于明确性别传播研究在研究本体与研究范式上的独特性和重要性。

一直以来，在性别与传播的交叉研究领域，占有较多学术资源、获得较多学术认同的是"性别与传播研究"。这一研究领域尽管关注到了社会性别的独特视角，但是对于社会性别所基于的批判立场可谓“虽不明确反对,也不真正鼓励”。这一研究尽管数量不少,但一直没有成为主流性的研究。受此影响,性别与传播研究虽然已发展为一个相对成熟的研究领域,但是创新性的研究相对较少,同质化的研究相对较多。另外,性别与传播研究更注重平等意识的提升,更关注如何打破不平等的结构。因此,要想真正在学术研究中推进性别平等、推进社会性别与其他学科富有建设性的互动,真正理解性别传播研究对于跨学科研究的理论推动价值,需要明确“性别传播研究”(Gender Communication Studies)的研究立场、研究范畴、研究历史与研究范式,它和“性别与传播研究”虽然仅有一字之差,但代表着截然不同的两种研究路径(后文将明确区分二者的差异)。

其次,有助于强调认识论对于确立不同研究范畴的研究范式的重要性。

无论是社会性别研究,还是传播学研究,抑或是它们的交叉研究,都是最初产生于西方学术语境的知识范畴,将之引进到中国本土研究中时,不可避免地存在着一定的信息衰减和信息选择,从而出现各种各样的导向和偏差。可以肯定的一点是,不同的学术概念依托于不同的学术发展背景,适用于阐释特定的学术问题。灵活使用学术概念的基础是能够明确不同认识论及其适用怎样的研究范式。可以肯定的另一点是,在不同国家与文化的研究情境之下,同一个学术概念也可能具有完全不同的内涵。以 gender 这一概念为例,只有在美国女权运动发展的背景下,它才逐渐成为阐释权力关系与社会关系的一种认知框架和理论分析范畴。在法国、俄罗斯等国的语言体系中,原本没有 gender 这个概念,即 gender 既不是区分男女生理性别的分类词,也没有对两性社会地位、角色、权力关系进行阐释与批判的延伸意义。法国女权主义学术的兴起与发展结合了法国哲学研究的理论资源,借用了美国女权运动和学术中提出的概念范畴。在某种意义上,性别传播研究以及性别与传播研究,都是基于美国学术界所提出的“社会性别”概念及其理论内涵而形成的一个以女权主义认识论和方法论为主体的跨学科研究领域。因此,有必要厘清社会性别在不同研究范畴中的地位与作用,并梳理以“社会性别”为核心词的跨学科研究的范式与历史。

在开展“性别与传播研究”以及“性别传播研究”时,需要注意性别研究的复杂性以及女权主义各种流派之间的差异性。因此,在梳理各种学术概念和相关范畴的差别时,需要辨明“社会性别研究”与“女权主义学术研究”之间的关系。

随着女权主义运动的不断发展和女权主义学术对自身批判的不断深入,不同流派的女权主义理论呈现出了多元化的景象。与此同时,gender 概念除了具有对男女两性的生理性别进行分类的功能之外,逐步发展出“质询权力关系与主体性角色的理论范畴”的功能。对于其他学科而言,并没有同步更新到社会性别的这个新功能,社会性别更多仍是一种研究视角,而不是一个理论主体。因而,各种以“社会性别”为名的研究,本质上也许并没有运用社会性别革命性的理论内涵,而只是接纳了它改良性的特征。

基于这个事实,为了避免被误读,很多学者不再使用不加区分的“社会性别”概念,而用“女权主义研究”这个术语,旗帜鲜明地表明自己所坚持的立场以及所使用的研究范式。正如刘禾所说:“在过去15 年中,性别研究和女权主义之间出现明显的裂痕,二者走的可能不是同一条路,这一点应该引起我们的警惕。有必要把 gender studies 和 feminism 分别对待,因为不是所有的性别研究都是女权主义的,女权主义的性别研究和非女权主义的性别研究的着眼点与研究方法都很不同。非女权主义的性别研究是那种持貌似中立的立场，对性别差异从社会心理学、生物学、医学的角度进行研究的那种学术，这种研究往往不会动摇人们的社会成见。"[①]同理，即使都有"性别"和"传播"这两个关键词，"性别与传播研究"和"性别传播研究"也是截然不同的，前者没有从根本上触动主流传播学的基本研究预设与研究框架（这一点也将在后文中具体阐释），放弃了对社会性别的批判视角与解构立场的重视，甚至对其可以成为研究的主体立场和框架持怀疑和抗拒的态度。

最后，有助于明确性别传播研究在知识建构体系中的特色及影响。

虽然学术界有"性别传播研究"、"性别与传播研究"（Gender and Communication Studies）、"女权主义传播研究"（Feminist Communication Studies）、"女性主义媒介研究"（Feminist Media Studies）等在术语表述上（尤其是中文术语）的各种差别，但从认识论与方法论的角度来看，这些术语之间既有联系又有区别。

因为女权主义并不是一个固化的、统一的概念，所以它的英文对应词应该是 feminisms，复数形式代表着它由不同流派、不断发展变化的知识体系所构成，而且不同流派所秉持的认识论也不尽相同。同样，"女权主义传播研究"也并不是一个封闭、统一的研究领域，在研究立场与方法论上，不同流派的女权主义的传播研究存在着较大的差别。例如，自由主义女权主义传播研究所秉持的认识论与方法论，与其他批判性的女权主义流派传播研究是截然不同的。从历史发展的角度来看，性别传播研究与女权主义传播研究是不能

① 刘禾，荒林．波伏娃的中国阅读，过去与现在［J］．湖南人文科技学院学报，2008（1）：21-27.

完全割裂的。

性别传播研究，是以女权主义认识论为基础，吸纳批判性的女权主义的理论观点与方法，以发展的社会性别为理论主体的跨学科研究。它以鲜明的批判立场介入了当代学术知识体系的构建，展现出独特且深入的学术探索历程。性别传播研究对既有的、逻各斯中心主义的认识论与方法论提出了极富见地的批评和重建，对社会文化与现实的干预也发挥了不可忽视的作用。因此，从历史的角度和范式的角度明确性别传播研究的本体及其发展历程具有一定的研究价值。

二、国内外研究成果述评

性别传播研究作为一个独立的研究范畴，在性别研究领域、媒介研究领域，以及传播学、社会学以及其他学科研究领域中都占有一席之地。相关的研究成果浩如烟海，研究角度、研究方法也各有不同，但是聚焦于“性别传播研究自身范式、历史与规律的研究”的文献数量相对较少。

本书开展文献综述的思路是“主要关注实证研究，通过从已有的独立研究中，推导出用来描述相关或相同假设的整体结论，寻求总结以往的研究成果。期望能描绘出相关领域的知识全貌，并强调以往研究中遗漏的或尚未解决的重要问题。从读者的角度看，研究综述的目的在于‘弥补以前研究中的遗漏部分’，并且用于指导以后的研究”①。

① 库珀. 如何做综述性研究［M］. 刘洋，译. 重庆：重庆大学出版社，2010：4.

本书的中文论文文献通过检索1995年[1]以来的中国知网(CNKI)中以“性别与传播研究”“媒介与性别研究”为关键词的文献获得;除此之外,还以该领域重要学者的姓名[2]为关键词进行相关研究文献的搜索工作。[3]

本书的外文论文文献是通过夏威夷大学希洛分校的图书馆信息系统,以及英国的威斯敏斯特大学的图书馆信息系统,以“gender concept”“gender theory”“gender communication”“feminist communication”“gender and communication”等为关键词检索到的文献。

本书中的中文著作文献主要根据当当和卓越等购书网站上的出版信息,以及“中国妇女研究会”“社会性别与发展在中国”等几个主要的性别研究网站的图书出版资源库的相关信息进行整理。

本书中的外文著作文献主要依据国外相关研究成果后附的参考文献(reference)提供的书目,从北京图书馆资料库中复印得到;此外,也参照了一些亚马逊海外购书网站上的书籍出版信息。

(一)国外研究成果述评

《性别化的人生:传播、性别与文化》[4]指出,性别、文化与传播研究作为一个交叉研究领域,其价值体现在三个方面:首先,可以进一步认识到文化价值观和习惯对人们关于男性特征与女性特征、男人与女

---

① 选择1995年作为文献搜索的起始时间点,是因为1995年在北京召开了第四次世界妇女大会,这次大会的成果之一是中国政府正式承诺了将“男女平等”写入国策,女性研究和社会性别研究开始受到重视并得到较大的发展;成果之二是大会发布了《北京行动纲领》,将“女性与传媒”战略作为“十二个关切领域之一”,由此开启了中国的性别、传媒、传播交叉研究的历史。

② 包括刘利群、卜卫、曹晋、陈阳、王政、刘伯红、杜芳琴、冯媛、佟新、刘禾、荒林、刘岩等。

③ 保留了本书当时撰写时检索的截止日期为2011年12月。

④ 伍德.性别化的人生:传播、性别与文化[M].徐俊,尚文鹏,译.广州:暨南大学出版社,2005.

人的观念所存在的复杂的影响方式。其次，可以加深人们对自己和自身性别处境的理解。最后，可以使传播更有效率。[①] 关于性别、文化与传播的关系，作者认为："性别的意义在很大程度上取决于文化价值观和行为；文化定义男性特征和女性特征的方式影响着男性和女性个人的传播方式；而个人的传播方式决定着性别的意义；反过来，性别的意义又影响着文化观念。"[②]由此可知，性别与传播不仅紧密相关，而且与文化共同作用于个人身份的认同、个体行为模式的选择。

《女性主义媒介研究》重点阐释了全书框架性的两个研究领域——女权主义和文化研究——的立场，[③]并运用一个最重要的原则——媒介意义的社会性别话语协商——以及霍尔的编码/解码模式，作为该书的组织框架[④]，回答以下问题：社会性别话语如何在不同"阶段"的媒介意义的生产中被建构？社会性别话语如何被编码于媒介文本？哪些意义可以在媒介文本中寻觅到？这些意义源自何种话语描绘？受众如何在与媒介文本互动的社会情境或相关的社会实践中建构社会性别？[⑤]

《批判的传播理论：权力、媒介、社会性别和科技》[⑥]"是一本充满哲理的关于知识、科学、社会性别、权力和传播研究的政治分析

---

① 伍德. 性别化的人生：传播、性别与文化[M]. 徐俊，尚文鹏，译. 广州：暨南大学出版社，2005：2-3.

② 伍德. 性别化的人生：传播、性别与文化[M]. 徐俊，尚文鹏，译. 广州：暨南大学出版社，2005：5.

③ ZOONEN L V. 女性主义媒介研究[M]. 曹晋，曹茂，译. 桂林：广西师范大学出版社，2007：3.

④ ZOONEN L V. 女性主义媒介研究[M]. 曹晋，曹茂，译. 桂林：广西师范大学出版社，2007：12

⑤ ZOONEN L V. 女性主义媒介研究[M]. 曹晋，曹茂，译. 桂林：广西师范大学出版社，2007：3.

⑥ 詹森. 批判的传播理论：权力、媒介、社会性别和科技[M]. 曹晋，译. 上海：复旦大学出版社，2007.

专著”[①]“它修正了传统科学与历史的经验方法中忽略社会性别因素来观察世界的弊端，鉴别出了媒介理论和传播解放理论中的一些盲点，发现了‘美国世纪’这一‘权力——知识结构’与捍卫传播学研究合法性的社会情境中，盲目的欧洲中心主义和男性气质的一些根源”[②]。

《批判性读本：媒介与性别》[③]是北京大学出版社出版的“媒介与社会丛书”（英文影印版）中的一本。该书从研究文本、（再）制造性别、受众与身份这三个研究维度出发，呈现出批判性视角在媒介与性别研究中的运用及其发现。

这些著作文献的共同特征是：

首先，这些文献较为注重性别、媒介、传播与社会文化建构的关系，往往是在媒介研究、受众研究、文本研究的既定框架内，通过性别视角，呈现出以往被漠视或忽略的男女不平等的种种现实，并批判支撑这些不公正存在的压迫性制度与机制。

其次，这些文献注重阐释性别视角对媒介呈现或传播研究所带来的“问题意识”。也就是说，与提供更具指导性的策略相比，这些研究大多聚焦于“发现问题”，通过批判现实中的盲点、误解以及隐性的不平等，提升性别的敏感度与性别意识。

最后，这些文献往往拥有一个较为宏观的视野，将女权主义的视角、立场及其理论与其他社会、人文科学相互关联起来。默认了性别与传播的交叉研究所采纳的理论资源的多样性、多源头性，并未追问

---

① 詹森. 批判的传播理论：权力、媒介、社会性别和科技[M]. 曹晋，译. 上海：复旦大学出版社，2007：7.

② 詹森. 批判的传播理论：权力、媒介、社会性别和科技[M]. 曹晋，译. 上海：复旦大学出版社，2007.

③ 卡特，斯泰纳. 批判性读本：媒介与性别[M]. 北京：北京大学出版社，2008.

或解析这些理论资源的相互关系以及探究各自所依托的理论认同之间的关系。

由这些研究文献而引发的思考是：

第一，利用社会性别视角有助于发现及批判媒介呈现或传播环节中的性别盲点或偏见，但是，如何将社会性别理论形成一种“建构性”的力量，加入媒介制播与传播链条的各环节，惯例化、体系化地规避媒介生态中、传播过程中的性别偏见或不平等的机制，尚待专门的文献来系统研究。

第二，这些文献凸显了性别与传播交叉研究路径上的多样化、研究角度上的丰富性，但是，作为一个相对独立的研究领域，性别与传播交叉研究是否有一些规律性的研究范式或研究模式？这些范式或研究模式是如何实现其理论阐释力的？这些问题鲜有文献涉及。

第三，这些研究文献将不同的理论资源互补性地、交错化地应用于阐释某些具体问题，但是，不同的理论资源之间是一种什么关系？是像沙拉盘中的不同菜品一样，相互独立但共同起作用，还是像熔炉一样，基于相同的立场或框架且融合了各种理论的优势？如果是前者，可以忽略各种理论之间可能存在的矛盾性；如果是后者，就需要厘清不同理论的认识论、方法论之间是否存在根本性的差异。此外，如果是前者，相关研究将难以避免地呈现出“碎片化”的特征；如果是后者，相关研究的特定规律与模式则有待进一步梳理和提炼。

（二）国内研究成果述评

1. 论文文献述评①

论及媒介、传播与社会性别研究的历史或研究范畴的文献共有10

① 包括媒介与性别研究、性别与传播研究两个研究领域的文献。

篇,其中,综述类研究占了六成。值得注意的是,这类文献绝大部分发表在女性研究与新闻传播研究的核心期刊上(详见附录),表明这一类研究议题已经进入专业期刊的研究体系。总体而言,这一类研究文献凸显出以下几方面问题:

第一,“性别与媒介研究”“性别与传播研究”的研究边界和研究范式还较为模糊。

曹晋在《批判的视野:媒介与社会性别研究评述》一文中提出,“媒介与社会性别研究批判的核心问题是媒介机构、媒介内容、受众收讯以及媒介如何发挥形塑主流社会规范与生活价值观的功能,扭曲了妇女形象,造成‘业界妇女边缘化’‘社会性别刻板形象化’‘社会性别阶层化’‘社会性别歧视普遍化’”①。由此可知,媒介与性别研究考察的媒介领域涵盖了生产、传播、反馈整个链条,社会性别批判角度主要反映在对社会权力关系作用于女性地位、女性形象、女性的社会阶层以及性别歧视的制度化与常态化等问题的探讨上。

卜卫的《性别与传播:政策与现状》研究的是性别政策在传媒中的状况,以及性别在媒体研究和政策研究中的问题。此外,还重点论及了女新闻工作者(传者研究)、作为受众的女性(受众研究)、民间媒介监测网络(媒介形态研究)三个传播学模式中社会性别发展的状况。

陈阳在《性别与传播》一文中提出,“‘性别与传播’研究的理论基础主要有两个——女性学和传播学;有三个最主要的研究领域——女性传播者(从业人员)、传播内容(女性形象问题)和女性受众”②。按照传播学研究5W模式来看,作者提到的“最主要的研究领域”中没有论

① 曹晋.批判的视野:媒介与社会性别研究评述[J].新闻大学,2005(4):3-12.

② 陈阳.性别与传播[J].国际新闻界,2001(1):59-64.

及传播媒介和传播效果与性别的结合。当然，这个结论受限于当时女性媒介发展的整体状况和媒介中社会性别研究的热点与认知局限性。不过，值得关注的是，时至今日，陈阳所指出的“这三个最主要的研究领域”确实是性别与传播研究方向的研究生毕业论文选题中的三大热点。

至于每位作者为何只将某几类研究内容作为这一研究领域的主要内容，相关的文献中并未提供完整的论证。三位作者对“性别与传播”或“媒介与社会性别研究”的“主要研究内容”的界定存在的差异值得深入研究。

第二，“女权主义传播研究”及其理论同“媒介与社会性别研究”及其理论的关系并不清晰。

曹晋在《媒介与社会性别研究的理论建构》中，提出媒介与社会性别研究的理论建构展现了“女性主义批判思想与传播研究的结合”“后学思潮与女性主义的力量汇聚”“传播政治经济学与女性主义的联结”三个重要的学术发展方向，并借助这三个框架对西方相关的研究文献进行了述评。不过，值得关注的是，作者在论文中使用了“女性主义传播研究”和“女性主义传播理论”这两个概念和范畴，但并未明确解释这两个概念和范畴与主题“媒介与社会性别研究”以及核心问题“媒介与社会性别理论”的关系，是默认这些术语概念可以通用吗？这一点值得关注。

庄佳在《媒介与女性主义传播》中，借助了媒介中的女性形象、女性传媒人、女性受众三个范畴，阐释性别对媒介与传播的影响，但是没有界定何为“女性主义传播”，且在结论部分使用了“女性传播”的概念。为何不同的称谓可以相互替换，是作者论述中的无意遗漏，还是默认了不同称谓之间的同一性？

第三，对“性别传播研究”与“性别与传播研究”在研究本体和研究范式上的差别存在盲点。

陈阳在《性别与传播》中的中文摘要里采用“性别传播”这个术语，在正文中使用的是“性别与传播”这个术语，在英文摘要中使用的是女权主义媒介研究（feminist media studies）这个术语。同一篇文献中，却出现了三个专有词汇相互指代的状况，这是否表明作者认为这几个术语之间没有需要特殊说明的、本质的差别？

在相关的研究中，术语通用这个问题具有一定的普遍性。正因如此，需要格外予以关注。总之，不同术语在本体论、认识论和方法论上是否具有差别，这些差别代表的意义及由这些差别引发的研究范式的选择与倾向等问题，亟待进一步研究。

2. 著作文献述评

《媒介文化、意识形态与女性：理论与实务》①“收录了作者最近几年从批判理论的观点所从事的媒介研究著述，主要以对电视和报纸的讨论为主。从女性主义的观点讨论了新闻的问题”②。其突出的价值在于，将女权主义的视角和立场与媒介研究、文化研究、意识形态研究结合在一起，凸显了社会性别对于媒介文化与意识形态的批判价值。值得关注的是，这本著作对报纸和电视新闻领域的女性主义研究具有一定的典型性与引领性。

《媒介与性别》③是“中国内地第一本系统研究媒介与性别理论与实证的专著”④，全书从理论与实践探讨、实证报告和媒介评论三个部分开启了国内性别与媒介系统研究的新视野。这本著作采用了理论研究、实证研究和媒介评论研究这三种具有根本差别的研究路径，展

① 张锦华. 媒介文化、意识形态与女性：理论与实务[M]. 台北：正中书局，1994.

② 张锦华. 媒介文化、意识形态与女性：理论与实务[M]. 台北：正中书局，1994：6.

③ 卜卫. 媒介与性别[M]. 南京：江苏人民出版社，2001.

④ 刘利群. 社会性别与媒介传播[M]. 北京：中国传媒大学出版社，2004：6.

现了社会性别视角及其理论在传统的媒介研究中可以发展出怎样的新面向与新深度。

《女性与媒体再现:女性主义与社会建构论的观点》[①]“由传播学、社会学、女性主义三个面向,来探讨女性与媒体再现的关系”[②]。借用“文化钻石”(cultural diamond)理论[③],提出了大众媒体的性别研究可以由四个钻石切面构成:社会(society)、生产者(producer)、文本(text)、受众(audience),[④]并在每一个切面内给出具有理论指导价值的提炼与阐述。例如,在文本报道研究中,作者归纳了与性别相关的六种媒介报道意识形态运作机制[⑤],对理解与批判媒介文本,以及提升媒介内容的制作者和受众的性别敏感度都极富启发性。

《社会性别与媒介传播》是“以美国的女性频道为切入点,通过女性频道在美国媒介的生态地位、生存现状、作用和存在问题等,探索女性媒介在突破传统的性别成见和影响方面取得的进步,探索由于女性媒介囿于资本主义制度的商业化和垄断性,从而难于完全消除性别歧视的社会现实”[⑥]。这是国内第一本专门针对女性媒介发展所进行的专门研究,以美国女性频道发展为个案,开拓了性别与媒介研究的既有领域。

---

① 林芳枚.女性与媒体再现:女性主义与社会建构论的观点[M].台北:巨流图书公司,1996.

② 林芳枚.女性与媒体再现:女性主义与社会建构论的观点[M].台北:巨流图书公司,1996:1.

③ Wendy Griwold 以社会世界(social world)、创造者(creator)、文化客体(cultural object)、接受者(receiver)这四个单位来解释文化与社会建构的关系。这四个分析单位及相互关系以线条来表示,看起来很称钻石,故而此解释模型被称为“文化钻石”。见林芳枚.女性与媒体再现:女性主义与社会建构论的观点[M].台北:巨流图书公司,2003:14.

④ 林芳枚.女性与媒体再现:女性主义与社会建构论的观点[M].台北:巨流图书公司,1996:14.

⑤ 即名词化与被动化;特殊化;形式对等与分配之不对等;反转;主体化。见林芳枚.女性与媒体再现:女性主义与社会建构论的观点[M].台北:巨流图书公司,2003:82.

⑥ 刘利群.社会性别与媒介传播[M].北京:中国传媒大学出版社,2004:9.

《媒介与社会性别研究:理论与实例》①"勾勒了西方女性主义批判传播研究的理论、主要议题与质化方法,揭示了全球媒介组织与权力体制仰赖的政治经济与意识形态的运作,创造剩余价值的受众商品与阶级、社会性别、种族、科技的构建关系异常隐蔽地操纵(hidden manipulate)着普罗大众的日常生活。作者把传播现象与传播结构遮蔽的社会性别不平等问题,放置于支配(dominance)与从属(subordination)的社会'结构'问题的分析之中,冀望解构媒介再现与传播科技使用的'社会性别平等'的种种霸权结构与迷思假象"②。其对后学思潮、政治经济学等与女权主义学术结合的介绍,为媒介与社会性别研究提供了更为丰富的理论资源,也揭示了媒介与社会性别研究对于意识形态、政治经济的控制与从属、符号霸权、意义的生成等议题的关注。在某种意义上,这本著作采纳的是较为纯粹的性别传播研究的范式,以女权主义学术研究为主体,在权力结构与霸权模式的理论和现实之间展开了深入的研究,这个特色决定了这本著作和性别与传播研究的其他著作的理论指向及研究路径截然不同。

《性别与传播:文化研究的理路与视野》③以社会、文化、传播为相互关联的切入点,综合了媒介批评、文化批评与女权主义批评的理论和方法,展开了对性别与传播研究的相关理论和实务的深入探索。其既运用了定量研究方法进行大型调研研究,也运用了个案研究等定性研究方法阐释文本内外的意识形态与性别政治隐喻,涉及媒介呈现、媒介发展、传播效果、媒介与男性研究等诸多议题。

此外,值得关注的还有天津人民出版社推出的"妇女与社会性别

① 曹晋.媒介与社会性别研究:理论与实例[M].上海:上海三联书店,2008.

② 曹晋.媒介与社会性别研究:理论与实例[M].上海:上海三联书店,2008:1.

③ 张敬婕.性别与传播:文化研究的理路与视野[M].北京:中国传媒大学出版社,2009.

学书系”中的《不守规矩的知识:妇女学的全球与区域视界》[①],它探讨了有关社会性别在跨学科研究中的角色与问题;《当妇女提问时:美国妇女学的创建之路》[②]中谈到“女权主义学术的实质是……首先,女权主义学者指出,运用社会性别作为标准进行类别分析,开拓了一种新的思维方式。……其次,妇女学学者们逐渐认识到,从女权主义思想到女权主义理论再到女权主义认识论,以社会性别作为分析的一个类别标准,重新思考所有知识的基础体系”[③]。《全球化与理论旅行:跨国女性主义的知识生产》[④]借用萨义德在20世纪80年代后期发表的《理论旅行》提出的概念,关注女权主义的概念、理论在中国的旅行过程及影响。特别是对feminism的翻译(该书第六章)和对gender的翻译(该书第七、八章)有助于对中国本土女权主义研究和社会性别研究的继续推进。

近年来,多部以性别与媒介、性别与传播研究为主要内容的博士论文相继出版。例如,《女性媒介:历史与传统》[⑤]《当代女性杂志的文化研究》[⑥]《传媒与性别:女性媒介的传播社会学阐释》[⑦]《女性主义视野下的媒介批评》[⑧]等。这些著作共同的特点是:注重女权主义研究视角及其理论对于媒介研究的重要影响,以及其在方法论层面产生的

---

① 余宁平,杜芳琴. 不守规矩的知识:妇女学的全球与区域视界[M]. 天津:天津人民出版社,2009.

② 波克塞. 当妇女提问时:美国妇女学的创建之路[M]. 余宁平,占盛利,译. 天津:天津人民出版社,2009.

③ 波克塞. 当妇女提问时:美国妇女学的创建之路[M]. 余宁平,占盛利,译. 天津:天津人民出版社,2009:21-22.

④ 闵冬潮. 全球化与理论旅行:跨国女性主义的知识生产[M]. 天津:天津人民出版社,2009.

⑤ 宋素红. 女性媒介:历史与传统[M]. 北京:中国传媒大学出版社,2006.

⑥ 刘胜枝. 当代女性杂志的文化研究[M]. 桂林:广西师范大学出版社,2007.

⑦ 李琦. 传媒与性别:女性媒介的传播社会学阐释[M]. 长沙:湖南师范大学出版社,2008.

⑧ 张艳红. 女性主义视野下的媒介批评[M]. 北京:知识产权出版社,2009.

意义，冀图在文化研究、传播研究、媒介研究的框架内找到一种融合性的、多元化的分析范式。

这些研究文献体现了国内研究者在对性别与传播交叉研究的探索中将性别研究的视角广泛地与西方学术理论和研究方法相结合，试图用多样性的理论与方法阐释媒介与传播中的性别问题。同时，试图摸索出相对成熟的研究范式，以应用于研究性别政治、性别意识在媒介与传播环节中的缺席和边缘化地位的结构性批判。

这些研究文献尽管角度丰富、阐释深刻，但是对于现实的干预效果仍然有限：现有的媒介体制与法律规范仍然不能完整和充分地吸收性别研究的相关成果；在某些层面，性别均衡的理念在传播的各个环节中依然没有很好地发挥作用。媒介与传播研究，与性别研究之间，仍似在不同的轨道上各自运转，无论是在理论层面还是在实操层面，它们相互交叉甚至融合的愿景还远远没有实现。

另外，在媒介研究与传播研究中，性别研究往往作为一种独特的视角，性别与传播交叉研究在媒介研究或传播学研究体系中也处于边缘。据调查，1995—2009 年，国内 17 种新闻传播类权威和核心期刊（“九五”世界妇女大会之后的十五年是借助这波热潮在学界开展相关研究的爆发期）发表的传播/媒介与性别研究文献中，社会性别研究在发表数量、研究议题等方面均呈现出较为弱势的状态。①

小 结

综上所述，国内外有关性别与传播交叉研究的文献，在规模化、理论化地批判媒介与传播中的性别盲点和偏见方面取得了一定的进展；

① 张敬婕．新闻传播学学术期刊中传播/媒介与性别研究成果分析［M］//谭琳．北京+15：中国性别平等与妇女发展回眸与前瞻．北京：社会科学文献出版社，2011：283.

在确认性别与传播研究作为一个相对独立的研究领域方面提供了丰富的论证。

这些研究也凸显出一定的共性问题:“性别”与“传播”作为两个关键词,共同构成了性别与传播交叉研究,这两个概念背后的逻辑互动关系是怎样的?性别研究与传播学研究各自的体系和理论认同是如何相互对接的?

另外,国内研究对于“性别传播研究”和“性别与传播研究”的差别较为缺乏问题意识(很多学者一直认为这个问题不值得研究,对其是否能够开展下去保持谨慎和怀疑的态度),鲜有研究涉猎于这两个研究范畴在本体论和方法论层面的差别。专门针对以女权主义学术为研究主体的“性别传播研究”的研究文献和有此研究兴趣的学者更是凤毛麟角。

基于此,本书将“美国性别传播研究”作为研究的主体,在美国社会政治与学术发展的“情境化语境”之下,对性别传播研究的历史与范式展开系统的研究,凸显不同历史时期性别传播研究在研究内容、研究视野、研究取向上的特色与差别,提炼性别传播研究在本体论、认识论、方法论层面的范式特征,并在此过程中厘清容易混淆的相关概念与研究范畴的相互关系。

第一章 美国性别传播研究发展的社会背景与思想资源

历史地来看,美国性别传播研究的发展,与第二次和第三次女权主义运动以及美国政治格局对两性关系和性别角色的规制与主导取向有着直接的关联。性别传播研究既注重社会性别研究视角在传播学研究体系内的发展,更注重女权主义认识论对传播学研究体系中的性别偏差和性别压迫的揭橥与批判。本章将梳理"女性主体意识"成为女权主义学术以及性别传播研究的核心价值的过程,阐述美国主流社会价值和信息全球化背景对美国性别传播研究的影响,强调将社会性别视为一种理论分析范畴的女权主义认识论,并将其作为一种基础性的思想资源,这对美国性别传播研究具有重要意义。

第一节 第二次女权主义浪潮：对差异性女性个体经验的分享及对女性认知的改造

从20世纪60年代下半叶开始,美国南方黑人发动了反对种族歧视的公民权利运动，揭开了美国社会各种平权运动的序幕。通过参与“民权”运动、“经济研究和行动工程”以及“反征兵”运动，具有平权思想的女性行动者们深刻地体认到，即使在这些“进步的”社会运动中，各个阶层的女性整体上仍然无法摆脱既有的、从属性的性别角色与弱势地位。

基于这样的现实，美国全国妇女组织（NOW）于 1966 年成立，与其他激进女权主义小组以及具有权利斗争意识的广大青年女性共同发动了一场独立的、影响持久的“妇女解放运动”，掀起了第二次女权主义浪潮。

在这次浪潮中，除了争取男女两性在政治、教育、经济等各个方面的平权地位之外，更重要的是首次质疑“以男性为参照的平权结构和斗争模式”，发展出注重女性个体经验的女权主义认识论与方法论。标志性的事件是提出了“个人的即政治的”口号，NOW 通过组织“意识提升小组”展开“意识提升”行动，批判现有的社会权力关系中对女性不利的认知定式，不仅增强了女性对自身的自信心，而且赋予了女性个体经验与知识以价值认同。

一、女性参与民权运动的经历与教训

1964 年，公民权利运动（简称“民权运动”）在美国爆发，吸引了为数众多的白人青年女学生的积极参与。从 1964 年到 1965 年的两个暑假就有 650 名白人女学生到南方参加动员黑人进行选民登记的活动。[①] 这些持有进步思想的白人青年女性（也就是后来在第二次女权主义浪潮中担当主要角色的白人中产阶级女性）在这次运动中受到了

① 王政. 女性的崛起：当代美国的女权运动[M]. 北京：当代中国出版社，1995：67.

很大的触动：一方面，她们发现同样作为女性，那些黑人女性在民权运动中往往能够像男性一样冲锋陷阵，决断、果敢。虽然这与白人女性一贯被教化的“温柔、顺从、被动、柔弱”的性别气质大异其趣，但这种以往只出现在男性身上的性别气质深深吸引了运动中的白人青年女性，她们意识到“女性气质”并不是固定的、单一化的，她们一直以来所习得的“女性气质”规范实则强化了传统的性别制度，不仅限制了女性对社会性别角色的体验，也使女性无法摆脱“男高女低”的社会地位与权力关系的桎梏。另一方面，尽管这些白人青年女性有着强烈的参与运动的热情，但是在运动的组织构架中，男性参与者往往占据着领导者与管理者的位置。这些白人女性通常被分配做打字、文书、煮咖啡、做饭、打扫等协助性的工作，这与白人女性“不是来做佣人，而是为公民权利而奋争”的预想大相径庭。

除此之外，更令白人青年女性感到尴尬的是，在美国性自由、性开放的时代，性关系在某种程度上被赋予了政治选择的色彩——在民权运动中，白人女性以与黑人男性“主动”“自愿”发生性关系来证明自己的“进步”与“革命”；黑人男性也以和白人女性发生性关系来证明自己的男子气概——黑人男性与白人女性发生性关系在美国南部被视为禁忌，而民权运动中打破此禁忌的方式实则牺牲了白人女性的利益，无视她们的尊严与真实意愿。这是参与运动的白人青年女性始料未及的。正如萨拉·伊文斯（Sara Evans）所评价的：“性自由和性剥削之间的界限是很窄的。”①民权运动中那些男性领袖对黑人男性与白人女性之间性关系的默许和鼓励，折射出当时整个社会对女性的主体价值、地位、权利诉求的忽视。同时，它预言了争取性别平等的途径与

① EVANS S. Personal Politics: The Roots of Women's Liberation in the Civil Rights Movement and the New Left[M]. New York: Vintage Books, 1980: 81.

方式中极有可能存在着某种不容置疑的霸权模式。

在民权运动中,黑人女性也受到了很大的触动。她们发现,女性身份与种族身份相比,前者是使她们受到的压迫更隐蔽、更顽固的根本所在:她们白天要与男性一同在街上与警察搏斗,晚上要和白人女性一样做家务。虽然她们对于民权运动的贡献并不比男性少,但是她们永远无权参与委员会的决策。① 当然,这种遭受性别与种族双重压迫的模式被同样复制到很多领域和层面。性别歧视与其他压迫模式的共谋也成为反压迫抗争极为复杂、艰难、积重难返的重要原因。

此外,虽然她们不必像白人女性那样奉献自己的身体以证明革命的彻底性,但是在社会关系上,她们不仅比白人男性、黑人男性的地位要低,而且甚至在白人女性面前,她们也是“低人一等”。也就是说,在性别身份与种族身份相交织的社会结构中,黑人女性是处在最底层的。即使是在反压迫的斗争中,参与者仍旧在顺理成章地复制某种等级制,这尤其值得深思!

总之,无论是白人女性还是黑人女性的经历与遭遇,都清晰地表明了一个事实:在为取消种族歧视而斗争的民权运动的组织内部,性别歧视一直存在且根深蒂固。

二、女性参与“经研工程”与“反征兵”运动的经历和教训

在民权运动爆发时期,广大的青年学生从南方学生组织的“学生非暴力协调委员会”动员黑人群众的活动中受到启发,从而策划并组织北方城市贫民窟中的失业居民(主要针对男性失业者,因为当时的

① EVANS S. Personal Politics: The Roots of Women's Liberation in the Civil Rights Movement and the New Left. [M]. New York: Vintage Books, 1980: 81.

贫民窟中的女性大多没有职业，是家庭主妇）团结起来，号召其为自身利益而积极参与政治性的社会活动，发起了“经济研究和行动工程”运动（简称“经研工程”运动）。

令人意想不到的是，受到越南战争的影响，贫民窟中失业的男性越来越少，只剩下留在家中的家庭妇女。于是，以青年女学生为主力的“经研工程运动”的志愿者为这些家庭妇女带来了争取权利的观念，并与这些家庭妇女一起为改善居住环境和福利状况而奋斗。

在这次运动中，那些从南部来的男女学生接触到北部最底层的人群，对于阶级差异及压迫有了更深的认识。另外，通过与贫民窟中的家庭主妇一起参与维权活动，女学生们对于女性“被侮辱与被损害的地位”深有感触。

除此之外，与民权运动一样，在整个“经研工程”运动中，尽管承担了动员与争取权利的大部分事务，女性仍一直被排除在领导核心之外——从 1963 年到 1965 年，只有一位女性是“经研工程”运动领导委员会成员。男性领导们一致认同“以征服女性来证明自己的男性气概”的做法。他们频繁地更换女友，而这些女友则因与这些男性领导人的关系而得以进入“经研工程运动”。①

在 1966 年发起的反征兵运动中，女性参与者的角色与提供性慰藉直接挂钩。当时流行的口号是：“姑娘对说‘不’的小伙子说‘行’。”在这个运动中，满足男性的性要求成为女性的一项崇高任务。当时一位参加过该运动的女性谈道：“在这个运动里，女性扮演了最难以置信的从属角色，就因为这是女性可扮演的唯一角色，因为女性不能烧征兵卡，不会进监狱，所以她们所能做的一切是通过男人和运动相联系，这在我看来是最降低人格的事。”*Ms* 杂志在 1972 年发出悲叹：“女性

① 王政. 女性的崛起：当代美国的女权运动[M]. 北京：当代中国出版社，1995：89-90.

在性革命中丧失了说‘不’的权利。”①

由此可见,在标榜着进步与平权的各种社会运动中,传统的性别规制与性别观念依然强大,参与各种社会运动的青年女性更深切地感到发动一场独立的、影响广泛的“妇女运动”的必要性与紧迫性。

同时可以看出,在社会运动中,性别问题与政治问题、经济问题、社会问题尽管可以相互融合,但这种融合不是天然的,也不是毫无问题的。当然,无论是积极正向的成就还是消极负面的“后遗症”,都在激发女权主义思潮对自身以及自身与其他领域或资源相结合的模式中进行深入的反思。

三、妇女解放运动与“个人的即政治的”口号

通过民权运动、“经研工程”运动等,美国青年学生们接触到社会最真实的一面,开始质疑主流文化所标榜的“美好生活”。与此同时,以往具有权威性的价值观和一系列的社会规范也开始受到冲击与批判,最终形成了一股反正统文化的潮流。

在这股潮流中,主流价值与非主流价值的等级划分被打破,亚文化成为时尚与流行。很多以往泾渭分明的范畴也出现了松动,如公共领域与私人领域、政治范畴与个人范畴之间出现了相互交叉的情况。在这样的背景下,女权主义者发动了“妇女解放”运动,提出了“个人的即政治的”口号。

1967 年,新左派②在芝加哥召开由全国各个组织联席参加的新政

① EVANS S. Personal Politics: The Roots of Women's Liberation in the Civil Rights Movement and the New Left[M]. New York: Vintage Books, 1980: 182.

② 新左派是指 20 世纪 60 年代的激进政治运动及其参与者(以大学生为主)。传统左派关注劳工运动,而新左派关注个人化的问题,反对社会中无所不在的权力结构。

治大会。会后,一些在妇女运动方面有长期经验的女性聚集起来,以黑人的独立运动为榜样,商议发动一个独立的妇女运动。她们起草了《致左派女性书》并在新左派的刊物上发表,追溯了女性自身对性别歧视与性别压迫的感受和认知过程,把“大男子主义”提到社会问题的高度来重视,并提醒避免民权运动早期的错误,不要让“别人(对黑人来说是白人,对妇女来说是男人)来规定我们的议题、方法和目标。只有我们才能够而且必须对我们的斗争下定义。……我们必须以一种政治方式来对待这个问题。作为女性,组织一个妇女解放运动,对我们来说是义不容辞的”①。一年后,新左派中的激进女权主义者们在芝加哥、纽约、西雅图等地成立了独立的女权组织,寻求脱离“男性的主宰”,发展独立的妇女解放运动。

值得注意的是,女权主义者们将女性作为一个与男性截然不同的整体,一个具有政治意义的阵营。正因如此,过分突出女性的整体性有可能带来新的问题,如无论“个别女性”愿意还是不愿意,她都被打上了“我们”这个群体性的标签,都要和“我们”保持一致,否则就是背叛,就是在发出与“统一阵营”不和谐的异音。

女权主义者们深切地认识到,女性自身的解放不能忽视女性个体之间存在的各种社会身份的差异,因此,女权主义的政治势必是一种“反本质主义”的、尊重个体差异的政治。在当时的社会条件下,女性个体在各个层面遭受的歧视与压迫在本质上是相同的,因而,改善女性的整体社会地位不能通过改变或压制个人的权利诉求,只能通过改变权力关系格局和批判相应的文化传统来达成。

在提出“个人的即政治的”口号之前,女权主义者卡罗·哈尼

① EVANS S. Personal Politics:The Roots of Women's Liberation in the Civil Rights Movement and the New Left[M]. New York:Vintage Books,1980:200.

斯(Carol Hanisch)首先审视的并不是“个人的”与“政治的”(Personal vs Political)这组概念的关联,而是注重阐释“治疗的”与“政治的”(Therapy vs Politics)这组概念的内在关系。[①] 她认为,“治疗”(Therapy)虽然是一个医学术语,但是能够典型地概括传统性别观念解决问题的思路,即通过调整(Adjust),使“出错的”“不协调的”回归“正轨”。以往女性对于自身价值的质疑、对于生活压力的不满没有途径得以抒发,反而被判定为患上了某些“疾病”,如“歇斯底里症”“幽闭症”等,这些做法表明,“治疗”的实质不是找到问题的根源并予以解决,而是通过一种强迫手段迫使某些人或事务做出符合主流价值、主流认可的“调整”。如此看来,只有通过带来根本性改变的“政治”(Politics)[②]手段才能真正解决让女性感到压抑与歧视的核心问题。概括地说,“治疗的”与“政治的”这组概念所争议的核心是“以谁的经验为标准”以及通过什么样的手段来解决问题。正是从这个思路出发,可以对性别与传播的交叉研究究竟会呈现出怎样的研究目标、研究范畴、研究路径有所启发:“性别传播研究”的根本目的是彻底摆脱已有框架的主导,注重从女权主义的认识论和方法论出发来开展传播研究的设计与实施,好像“治标亦治本”的一种方法,而“性别与传播研究”的目的只是将性别研究加入传播学研究,并非真正重视使用女权主义的认识论和方法论,好像“只治标不治本”的方法一样。

卡罗·哈尼斯发现,“个人的”与“政治的”这组概念体现了另一种层面上的父权思维模式与认知误区。女性受到压迫的经验本来是有普遍性的,但通常情况下,从私人领域出发的女性经验往往被视为微不足道的、个别的现象而不予理会;“个人的”这一概念范畴在传统

① http://www.carolhanisch.org/CHwritings/PIP.html.

② 此处的 politics 是指广义的权力关系,而不是指狭义的政治活动。

社会观念中被等同于“不重要的”。因此，女性地位低下、社会价值被低估与忽视，最本质的误区在于将“女性”等同于“个人”，将“个人”局限于“私人(领域)”的认知逻辑。

“个人的即政治的”提法否定了将“个人”与“政治”相对立的认知结构，即女性的个人事务不再“先入为主”“天经地义”地被等同于“微小”与“无价值”的“非政治问题”。“个人的即政治的”所倡导的理念使那些处于不利处境的个体不再将问题归咎于自身可能存在的缺陷，而是思考何种外部环境、认知机制、社会体制与文化传统造成了这样的局面。女权主义者普遍认为，个体(除了强调女性个体之外，也包括黑人、特殊工作阶层[①]等个体)地位的低下与其说是“个人的悲剧”，不如说是“制度的缺陷”。如果从性别传播研究的角度来看这个问题，可以得出这样的结论：这些“悲剧”和“缺陷”无疑也是认识论的差别所致。

四、“意识提升”行动与“意识提升小组”

为了谴责平等就业机会委员会对女性权益不闻不问的态度，1966年，以贝蒂·弗里丹为第一任主席的美国全国妇女组织成立。当时成员仅有 28 人，全部是活跃在政界的职业女性。她们开展活动的目标是“立刻采取行动让妇女完全加入美国社会的主流，作为与男性真正平等的伙伴，平等地行使权利和承担责任”。从根本上说，该组织的实践方式是相对温和的、改良式的，即在当时现行的自由主义政治体制中争取女性应得的权利，不主张与男性为敌。1970 年以后，美国全国

① 这里的“工作阶层”是指凡是依靠工作维持温饱的人都属于工作阶层。卡罗·哈尼斯激进地认为，所有女性都是工作阶层，尽管有的女性是从事体力性的工作，有的是从事从属性、服从性、精神性的家庭主妇工作。

妇女组织从一个由少数中年职业女性为主体且集中在联邦和州政府活动的精英主义组织逐渐向基层化、年轻化、非专业化发展。

事实上,美国的女权主义运动能够从少数精英走向大众,并吸纳广泛的女性参与其中,关键因素之一在于女权主义者们倡导并发展的以一种松散的、分享权力的方式组成的各种“意识提升小组”,鼓励成员分享彼此的经验,从而达到“意识提升”的目标。通过这种活动方式,有着各种背景与生活经验的女性走到了一起,形成了一股重要的社会力量。

“意识提升小组”最早由纽约的激进女权主义者组织和发起,是“妇女解放运动”中最基础和最重要的行动方式。很快,“意识提升小组”遍布全美。截至1973年,参与“意识提升小组”的美国女性已经达到10万人。①

需要注意的是,这种“意识提升小组”的形式注重让个人讲出自己的经验,使其得到被倾听、被关怀的感受,从而乐于接受“被提升”,但是,这种形式无法遮蔽的是个人经验的讲述就像去医院“问诊”一样,这些经验会根据当时的女权主义小组和小组中的意见领袖所制订的评价标准来评估。被评估、被改造是一脉相承的,几乎所有的“意识提升”的目标都不是让小组成员得到倾诉感、倾听感,而是使其统一思想、接受改造。

无论是经历各种各样的社会运动,还是在日常生活中,越来越多的美国女性清楚地认识到,以往女性总是被隔离在公共领域之外,女性彼此交流的空间与机会非常有限;很多不平等的现象与问题本来是由社会压迫机制所造成的,却被视为女性“个人的”“私人的”问题而

① ELLER, CYNTHIA. Reviews the book ‘Living in the Lap of The Goddess: The Feminist Spirituality Movement in America’[J]. Journal for the Scientific Study of Religion, 1996, 35(2):43.

不了了之。因此,大部分女性的共识是,如若改变当前的不平等的局面,首先需要女性说出自己的经验,分享彼此的感受,并在这一相互交流的过程中,抛弃以往的陈旧观念,唤起自身对平权的敏感意识。需要注意的是,这个理论支撑的仅仅是为女性说出个体经验而提供依据,并没有相关的理论依据来支撑意识提升(观念改造)部分。

从积极的方面来看,“意识提升”(Consciousness Raising)帮助女性个人和群体具备一种政治自觉意识(Political Consciousness),通过将女性聚集起来,一同讨论她们的生活,讨论她们受到压迫的根源。

意识提升行动最初是专门针对女性而开展的活动,以避免男性参与者对活动主题和讨论方向的干涉,但是不得不反思的是,这种活动的基础出发点首先要对女性的价值观进行改造,而且评估是否需要改造和如何改造,这个过程和其中的依据是相对模糊的,并不能确保这个改造一定会给女性个体或群体以及给性别平等进程带来正向的效果;其次,活动将男性树立为女性经验和女性价值的对立面,这是在助长一种刻板化的二元对立思想,将女权主义带入一个新的误区:好像所有的男性一定是反对女性的、不理解女性经验的,所有的女性一定是能支持女性的、理解女性经验的。这种将生理性别作为价值观阵营评判的唯一标准的做法也在一定程度上助长了某种话语霸权和认知偏见。

很长时间以来,这种意识提升行动都得不到学术界或社会舆论的支持。反对者普遍认为,这一活动缺乏有力的相关理论的支持。因此,凯西·萨拉奇德(Kathie Sarachild)在 1973 年的一次会议上谈道:“意识提升活动不需要传统意义上的理论支持,因为这一活动是基于女性所普遍受到的压迫与歧视经验,因此,只要有这一基本原则——批判父权制、男权制压迫女性的机制,以及支持传统性别文化的根源,女性自身的经验就在创造着一种新的理论与战略。”①

女性经验可以启发理论在更深层次上推进,如女性口述历史,所以,有问题的始终都不是女性经验的讲述和分享,而是对这些经验的“使用”“评判”,甚至是“改造”。这是当时女权主义者未想到的,因为她们为了扩展女权主义者的队伍,需要一种仪式加强认同感,需要模糊而强烈的席卷速度,需要借助更广大的女性力量来增强女权主义的话语权。这是一种女权主义争夺权力的斗争策略,尽管这种策略是有诸多问题的,但它在当时是形势所必需的,也使很多女性确实得到了抒发感、归属感,甚至认同感。

“意识提升”行动的展开沿袭了新左派的“分享民主制”的原则,没有固定的主持人,活动的地点通常是轮流定在各个参与者的家中,大家就一些与自身密切相关的问题展开讨论,如堕胎、婚内强奸、生育的艰辛等,共同分享彼此的第一手经验。凯西·萨拉奇尔德在1969年写道:“通过参加意识提升的讨论,我们才发现那些令我们不满、焦虑、痛苦的部分,并不是我们的过错。而且,身为女性,我们是可以提出要求、有所梦想并付诸行动的,改善现有的处境并不是为了自己,而是为了所有与自己有同样经验的女性。从这个角度来看,意识提升行动的确是‘政治性的’。”②

纽约著名的激进女权主义组织“红袜子”发表的声明宣称:“我们把个人经历以及我们对那些经历的感觉看作分析我们共同处境的基础。我们不能依靠现存的思想理论,因为它们都是大男子主义文化的产物。我们向每一个概念质疑,拒绝接受那些不符合我们经历的概念。当前,我们的主要任务是通过交流体验和公开暴露一切体制的性

---

① SARACHLD K. Feminist Revolution[M]. New York:Random House,1979:147-148.

② SARACHLD K. Feminist Revolution[M]. New York:Random House,1973:202.

别歧视主义的基础来培养女性的阶级觉悟。提高觉悟不是‘心理疗法’,……而是保证‘妇女解放’建立在我们生活的具体现实上的唯一方法。”“大男子主义是最古老、最基本的传统形式,其他一切剥削压迫形式(种族主义、资本主义、帝国主义等等)都是大男子主义的延伸:男人统治女人,少数男人统治所有人。有史以来,所有权力结构都是男性统治,以男性为中心的。男性控制了一切政治、经济、文化机构,并靠体力来维持这种控制。他们以自己的权力置女性于从属地位。”①

所以,以当时的历史语境与认知水平,这种“意识提升”的组织和行动适应了一个关键的需求,那就是弱势群体需要扩展自己的话语威势,需要社会和学术界对其重视、了解,甚至是认同。通过经验论上升至认识论的意识改造行动路径也是女权主义学术非常重要的历史经验。

五、本节小结

第二次女权主义浪潮是推动美国性别传播研究在 20 世纪 70 年代实现大发展的重要语境。其中所提出的“个人的即政治的”口号转变了以往贬低女性个体经验的哲学观与认识论,发展出以尊重女性经验为核心、认可女性知识价值为基础认同的女权主义认识论与方法论。尽管这一口号在实质上反映了激进主义女权主义流派的政治主张,即反对以男性为参照对女性展开“治疗性”的“调整”,代之以尊重女性价值立场的观念与行动。不过,在妇女解放运动中,正是基于对“个人的即政治的”基本理念的认同,各种平等分享个人经验的“意识提升小组”和“意识提升行动”才得以广泛地展开。同时,这种行动

① 王政. 女性的崛起:当代美国的女权运动[M]. 北京:当代中国出版社,1995:127-128.

模式逐渐成为自由主义女权主义流派所倡导的“通过教育手段改良现有的性别关系格局”的基本实践方式。

第二节　女权主义运动的“回潮”：女权主义学术对话语权力关系的反思与对策选择

第二次女权主义运动，使女性群体和其他社会亚文化群体（如同性恋、跨性别等）形成了某种政治性的反压迫同盟，共同推进了很多激进的、革命性的社会议题，其中一些议题，如推翻不平等的“性/社会性别制度”，打破“性压抑”，倡导“性自由”；建立“女性成为主体”的机制，倡导堕胎合法化等，激起了美国右派政治和宗教保守势力在20世纪80年代的强烈反对与打压。美国媒体在对性别议题进行议程设置时呈现出娱乐化和去政治化的倾向，有意无意地迎合了占统治地位的社会保守派主流价值。

在女权主义运动受阻之际，女权主义学术开始迅速发展。在如何推进“社会性别研究”进入跨学科领域的方式上，逐渐形成了差异化的两种思路。有关这两种思路的讨论与实践直接影响了性别传播研究的哲学定位与范式取向。

一、与“传统主流价值观”的话语权争夺

20世纪70年代，女权主义者重提“平等权利修正案”（Equal Rights Amendment，简称ERA，此法案由女权主义者在1923年首次

提出），要求“取消性别差异，结束对妇女各种形式的歧视，实现男女公平竞争”。此修正案于 1972 年由国会通过，只要 3/4 的州批准（38 个州），就能正式成为美国联邦宪法的一部分。但直至 1982 年，仍有 4 个州没有通过[①]。此法案的失败给女权主义运动以重大挫折。

此外，在整个 20 世纪 80 年代，保守的里根政府大力支持新右派[②]的立场、打压女权主义运动的成果，提倡整个社会回归“传统”——基于传统性别规范的“男主外、女主内”的家庭构架与价值认同受到赞赏和鼓吹；女性进入公共领域以及晋升的路径障碍重重，职场中“玻璃天花板”的潜规则与“贤妻良母”的社会期待成为职业女性、高知女性自身发展和价值认同选择的最大挑战。另外，在这一时期，社会上所有关于“性”的解放议题与观念也日趋“回潮”——反对堕胎、反对青少年的性活动、反对男女同性恋的舆论呼声日益高涨。

苏珊·法卢迪（Susan Faludi）在 1991 年出版了《回潮：反美国女性的不宣之战》（*Backlash：The Undeclared War Against American Women*）一书，在《纽约时报》排行榜上连续数周位居榜首，还原了第二次女权主义浪潮遭遇冲击的真实历程。该书揭穿了宣称“男女已经平等、女性的不幸福来源于不满足”的虚假论调，指出事实上女性现在的不幸福来自社会体制依然没有更普遍地保障男女平等，在如何继续进行女权斗争方面，美国的女性也正遭遇着挑战。

苏珊·法卢迪认为，美国媒体应该对女权运动的回潮负有重要责

---

① 艾奥瓦州（Iowa）、内布拉斯加州（Nebraska）、田纳西州（Tennessee）、肯塔基州（Kentucky）这四个州通过决议撤销了原先的批准。关于此问题的更多研究可参见栾绿川. 美国修宪史上“平等权利修正案”及其失败[D]. 上海：华东政法大学，2011：23.

② 新右派是 20 世纪 70 年代中期从共和党保守派中分化出来的一股极端保守势力，是一个跨党派联盟，主要代表西南部新兴地方资本、西南部和其他地区的中小企业、中小农场主和其他中下层中等收入者的利益。

任，因为媒体在议程设置方面出于政府的意志与商业利益的考虑，复制了传统的性别规范与性别文化，虚构了“女性回家”的满足感，转移了公众对女性在职业领域、公共领域遭受的性别歧视与性别压迫的关注。

另外，美国媒体倾向于将女权主义的政治目标娱乐化或去政治化，片面夸大、渲染某些女权主义流派不完整的观点，一些不明就里的评论者更是将女权主义者等同于“女同性恋”或“反家庭分子”“仇恨男人的女人”。这些都使“女权主义”（feminisms）成为一个充满贬义内涵的词，“女权主义者”也被冠以“好斗”“专横”“尖锐”“过度敏感”“歇斯底里”等负面形象。

此外，美国的主流媒体发出“女权主义已死”“女权主义已成为‘落伍’的代名词”的信息，并在“理想的女性形象”的塑造上大肆美化“贤妻良母”的形象，丑化独立、自主、有思想的女性形象。

新一代美国女性没有经历如火如荼的女权运动，难以体会权利争取的艰难，面对社会上“男女已经平等”的论调没有感知与判断。再加上消费主义对青年女性的影响，“干得好不如嫁得好”的观点受到追捧，“女性气质”“回归家庭”又成为“社会潮流”，这股潮流自 20 世纪 80 年代一直延续至今。2005 年，《纽约时报》有报道称，美国常春藤盟校的女毕业生更愿意做家庭主妇而不是走入社会。

与此同时，一些“男性互助小组”陆续成立，带有仇恨女权色彩的“男性研究”开始崛起①。

总而言之，这次回潮的直接后果是，女权主义运动的整体形象被

① “男性研究”最初的主题是仇恨女权，后来才发展出多种立场趋向。美国学者 Kenneth Clatterbaugh 将美国男性运动的主张分为八种，其中既有支持女权主义的，也有反对女权主义的，这基本可以反映全球范围内男性研究与男性运动的现状（克拉特鲍. 男性气概的当代观点［M］. 刘建台，林宗德，译. 台北：女书文化事业有限公司，2003：1-345.）。

抹黑,很多斗争议题被中断甚至被推翻。这次回潮的间接后果是,女性在进入社会公共领域方面一直困难重重。以政治权力为例,美国女性虽然早在 1920 年就争取到了政治参与的选举权,但是截至 2012 年,美国参议院 100 个席位中只有 17 位女性,国会里只有 16.8%的女性,50 个州长中只有 6 位女性,全国 100 个最大的城市只有 4 个市长是女性。这样的女性参政人数与百分比远远地落后于其他国家,女性参政水平排在世界第 91 位。①

在社会资源的占有及分配方面,两性之间的不平等也显而易见。据李银河的研究统计,美国白人男性在总人口中只占 39.2%,但是在福布斯财富排行榜(拥有 265,000,000 美元以上财产者)上,美国白人男性却占到 82.5%。此外,在议会中男性占到 77%,在州长中男性占到 92%,在大学终身教授中男性占到 70%,在日报编辑中男性占到 90%,在电视新闻导播中男性占到 77%。

这段历史对于女权主义学术的启发是,无论是话语权的争夺还是话语权的确立,既无法通过暴力手段实现很好的效果,也无法通过强化男女差异和男女对立实现理论上的自洽,有时步子走得太急就容易暴露更多自身的问题,被反女权的力量抓住痛脚。最重要的是,机制的改革与观念的推广必须有计划地同步推进,二者缺乏任何一个,都会出现现实效果与最初目标的错位或断裂。

二、女权主义学术开展跨学科研究的两种主要思路

尽管女权主义运动提出的很多激进议题都遭到了保守政治派的弹压,但是,女权主义所倡导的消除性别隔离、赋权女性等思想对社会

① 沈睿. 仍是男人的世界:美国女政治家的困境[N]. 中国妇女报,2012-03-20.

的发展进程和公众的思维观念产生了深刻的影响。为了更好地传承女权主义运动的成果和继续发展女权主义自身,在20世纪七八十年代,女权主义的理念和知识加快了进入高校学科体系的步伐。女权主义希望通过教育的力量改变青年一代的性别观念与性别行为,从街头抗议活动、从沙龙式的意识提升聚会等方式中吸取经验教训,将视角深入学术界和教育界,深入更广泛的已经拥有话语权的高知群体中,深入对社会发展有重要影响力的未来一代、青年一代群体中,在整个社会思潮中为自己赢得了一个更稳定、更有实效的推进思路和发展局面。

据王政教授的统计,在第二次女权运动的高潮时期,即1969—1970年,全美高等院校开设了17门妇女学(Women Studies)的课程,到1970年12月已有100多门妇女学课程,1971年12月增加到600多门,1973年发展为2000多门妇女学课程和80多个妇女学中心,到1980年,全美已有600多所高校设立了妇女学中心,每年开设30,000多门妇女学课程,涉及的专业从最初的历史学、社会学和文学扩展到心理学、人类学、教育学、政治学、法学。① 到1990年时,全美的高校中共有600个与妇女研究相关的项目或中心。② 也就是说,在女权主义运动回潮前,女权主义学术已经进入了美国高等教育的知识体系中,成为具有学术地位的话语资源之一。这个局面的打开对女权主义学术而言就像播撒了认同的种子,随着时间的推移,势必会反哺女权主义的发展。

大批女权主义者投身于社会性别与女性研究的写作和出版工作,女权主义出版社和杂志纷纷问世。跨学科的专业杂志有*Sign*、*Femi-*

① 王政.女性的崛起:当代美国的女权运动[M].北京:当代中国出版社,1995:195.
② 王政.女性的崛起:当代美国的女权运动[M].北京:当代中国出版社,1995:210.

nist Studies、*Women Studies*、*Frontiers*、*Women's Studies International Quarterly*、*Sinister Wisdom*，等等。

到了 20 世纪 70 年代后期，尽管妇女学在美国教育体制内已经站稳了脚跟，但是女权主义学术活动在以男性为中心的学术领域仍处于边缘。为此，妇女学同时实施了两种不同的发展策略：其一，在等级制的高等院校结构中创造和巩固一个虽然居于边缘地位，但具备独立和坚持平等原则的结构，即完善发展妇女学中心；其二，努力影响和改造高校结构，使其更平等、更少有性别歧视，即妇女学向其他科系渗透、扩张。从 1980 年开始，全美先后有 200 多个妇女研究中心开展了“主流化”活动：由妇女学研究中心的人员负责为本校人文学科各系的教授定期开设研讨会，讨论女权主义理论著作；与对口专业的女权主义学者深入探讨各类学术问题，引起传统学术领域中男性学者对女权主义学术理论与方法的兴趣，从而改变他们的教学研究视角和方法。同时，改变各学科对女权主义学术的冷漠态度，支持年轻的教授和学生对女权主义学术产生兴趣。①

在这一时期，女权主义学术最鲜明的特色及成果就是推动了“妇女研究”的发展。经历了女权主义运动“由盛转衰”的过程，女权主义者们迫切需要在学术、理论层面，通过教育、交流、科研与教学等手段延续并扩大女权主义所倡导的性别平等和权力批判理念。由于身处边缘地位，女性群体是最直接、最易于融入妇女研究领域的对象，妇女研究是为女性建立自信和为女性在各个层面上获得更多的发展机会、更平等的待遇提供话语支持的源泉所在。

20 世纪 80 年代，社会性别研究（Gender Studies）同步崛起，代表了女权主义学术的另外一种发展路径，将研究的着力点从女性这一单

---

① 王政. 女性的崛起：当代美国的女权运动[M]. 北京：当代中国出版社，1995：197.

一的性别身份转移到对两性的社会关系、权力关系更为宽阔的视野上。同时,社会性别研究不单纯是以女性为主要参与对象的研究,同性恋研究、跨性别身份研究、对女权主义友好的男性研究等也纷纷加入了社会性别研究的阵营。妇女研究与社会性别研究共同传承了女权主义学术的精神。通过学术和教育的方式,女权主义自觉纠正了以往一些错误的认识论和方法论,加强了性别、种族、跨学科间的交流,使反二元对立思想逐渐深入民心,使反刻板化和反本质主义的思想逐渐为更多人了解和认同。

通过妇女学在其他学科开展的“主流化”运动,社会性别研究与不同的学科展开互动研究。在形成社会性别与其他学科的跨学科研究的过程中,出现了两种截然不同的研究思路。

一种思路是,将社会性别作为一种类似于种族、阶层的差异性视角。在这种研究思路之下,社会性别研究的理论价值在跨学科研究中并没有得到充分的发挥。打个不恰当的比喻,这种思路好像是给了社会性别研究一席之地,但是对其实际的发展权力有所限制,将其控制在作为一种差异性视角而展开的研究中,大大压缩了社会性别这种理论资源的发挥空间。

另一种思路是,将社会性别作为一种理论分析框架,作为跨学科研究的认识论基础。“社会性别”除了是一种人口学的分类指标之外,还兼具了一种解构中心主义的批判取向。

因而,第一种研究思路的跨学科研究是有选择性地保留了社会性别作为分类范畴的特性,而忽略和消解了其解构中心主义的批判特性;第二种研究思路的跨学科研究是运用社会性别研究的理论分析范畴来重新建构跨学科研究的理论视野与研究路径。

这两种研究思路的差异形成了这样的局面:从事社会性别研究和

女权主义学术出身的研究者对传播学等其他学科展开的跨学科研究路径与不是从事社会性别研究和女权主义学术出身的研究者所采纳的研究路径往往存在较大的差异。前者一般较为注重思辨研究,倾向于从概念的批判入手,对特定的研究对象展开定性化的数据搜集和较为激烈的批判;后者一般较为注重实证研究,倾向于从统计数据入手,对特定的研究对象进行归纳性的结论和较为常规的批判。

三、本节小结

在第二次女权主义运动的高潮时期,女权主义学术已经进入了美国高等教育知识体系中,各个流派的女权主义所倡导的各类研究议题已经成为研究和教学的主体内容之一。在女权主义运动回潮之际,女权主义学术的价值和研究的科学性遭到较为普遍的质疑和较为尖锐的批评。这使得本已处在边缘地位的女权主义研究及社会性别研究因为缺乏理论上受到广泛认可的重要突破,也缺乏理论家集群和具有广泛影响力的理论作品的集群,被策略性地等同于一种呈现了亚文化特征的独特的研究视角。在一些跨学科研究中,社会性别实际上只是作为一种区分某种研究类别的关键词,“女性”作为一个需特殊关注的对象而受到重视。很多不从事性别研究的学者也普遍认为这类研究属于特定研究群体的特定研究兴趣。

在性别研究者和相关教育者的不懈努力下,很多媒介研究或传播学研究的组织或著作中开始有了“社会性别”或“女性”的分类,并将相关的研究成果收编在媒介与传播研究体系之内。从表面来看,女权主义学术和社会性别研究得到了媒介与传播研究的关注,但实际上,关注并不等同于真正的接纳,女权主义学术和社会性别研究在认识论和方法论上的贡献并没有得到充分的认可,更没有得到更多的探索机会和探索空间，在很长时间内女权主义学术和社会性别研究在理论维度和理论深度上处于固化状态，缺乏有效的发展，社会性别在相关的跨学科研究中不可避免地出现了研究同质化、理论僵化的问题。

这种研究现状引发了很多研究者的共鸣，因为这样的研究经验与女性积极分子曾经参与各种社会运动时遭受的被边缘化的经验非常类似。于是，一种在跨学科研究中以社会性别研究框架为基础的研究思路开始成为某些研究者的自觉行动，性别传播研究正是基于这样的研究思路而发展起来的。

第三节　第三次女权主义浪潮与信息全球化时代的女性赋权

在第二次女权主义运动的回潮时期，新右派的政治力量统领美国社会舆论的主流，消费与娱乐文化模糊了人们对“性别事件”的关切焦点，但是，各种社会力量与权力关系依然暗潮涌动、相互对峙，女权主义也在积蓄力量，寻找时机“反弹”。最终，在 20 世纪 90 年代初，女权主义者依靠悄然渗透到社会生活各个角落的平权观念与批判意识，通过女权主义学术与社会性别研究及教育所推动的知识反刍，在美国社会掀起了第三次女权主义浪潮。

一、从“私人议题”转化为“公共议题”

标志性的事件发生在 1991 年，布什总统提名非裔美国律师克拉伦斯·托马斯(Clarence Thomas)为美国最高法院大法官。在国会对他的审查过程中,曾与他共事的女同事安妮塔·希尔(Anita Hill)揭露了托马斯对她的性骚扰行为,并在国会听证会上做出了具体陈述。“托马斯听证会”作为当时的一个热点事件,被全美各大电视台实况转播。

最早提出“性骚扰”这个概念的学者是密歇根大学法学院讲座教授、美国激进主义女权主义者凯瑟琳·A. 麦金农(Catherine A. Mackinnon),她于 1979 年出版的著作《对职业女性的性骚扰:一个性别歧视的案例》(*Sexual Harassment of Working Women:A Case of Sex Discrimination*)中首次明确了女权主义研究框架内的“性骚扰”概念。身为律师、高校教授和女权主义行动家,她积极致力于有关性别平等和妇女人权的诉讼、立法及政策发展。麦金农指出,“性骚扰最概括性的定义是指处于权力不平等关系下强加的讨厌的性要求……其中包括言语的性暗示或戏弄,不断送秋波或做媚眼,强行接吻,用使雇工失去工作的威胁做后盾,提出下流的要求并强迫发生性关系”①。

美国一个妇女组织在 1978—1979 年对 198 名联邦女雇员的调查数据显示,有 40%的人曾经在工作岗位上受到过性骚扰;有 25%的人因抗拒此类骚扰而被停止晋升,11%的人被调离,5%的人被解雇。另据《红书》杂志对 9000 余名女性的调查,约有 88%的人曾经受过不同程度的性骚扰。根据美国劳动妇女协会的一项调查,在 155 名愿意提供答复的女性受访者中,有 70%的人因不堪忍受性骚扰而被迫失业。②

不过,直到 20 世纪 90 年代,性骚扰在美国仍然不是一个使用广

---

① 李银河. 女权主义追杀性骚扰[EB/OL](2002-03-07)[2007-04-03]. http://eladies. sina. com. cn/2002-03-07/51260. html.

② 李银河. 女权主义追杀性骚扰[EB/OL](2002-03-07)[2007-04-03]. http://eladies. sina. com. cn/2002-03-07/51260. html.

泛的固定词语,在法律和公共观念中,对类似的行为也没有明确的界定标准。

女权主义者们从"托马斯听证会"这次事件中预见到性别政治对公共政策发生作用的可能性,于是在媒体上有组织地发布有关性骚扰的定义及相关信息,强调性骚扰对美国民众以及社会文化的严重影响。"性骚扰"第一次成为美国各大媒体专题讨论的内容,一时之间成为年度热词。这种行动模式一直延续至今且依然证明是将性别观点、性别政治议程设置为媒体热点议题,从而引发社会关注和普遍讨论的比较有效的模式。

与此同时,各大小私人企业纷纷修订工作条例,禁止在工作场所中发生性骚扰事件。许多学校也开始修订师生间的行为准则,以防范教师利用权力对学生进行性骚扰。在这一进程中,越来越多的人认识到,性骚扰的表现是与性的接触、性的强迫相关的行为。性骚扰并不是个人的性取向或性偏好问题,也不是个人对性的边界的差异性的理解问题,更不是无法分清楚性与亲密感、私人表达与公共认同之间的界限问题,归根结底,它是一种基于性别歧视的权力压迫。人们必须将反歧视、反压迫的观念通过媒体的力量、通过公共议题的聚焦更大力度地推广出去,这样才能超越性骚扰的具体行为本身而凸显其本质,才能号召更多的人形成共同意志,才能真正推动法律、公序良俗、个人道德感与行为规范等不同层面的发展。

通过这一事件,女权主义不但提高了美国公众对反性骚扰的意识及重视,也引发了美国公众对行为方式(特别是异性之间的、性的行为方式)"边界"的敏感。舆论与立法双管齐下,在全美形成了遏制性骚扰的社会环境。①

---

① 王政. 女性的崛起:当代美国的女权运动[M]. 北京:当代中国出版社,1995:221.

“个人的即政治的”是曾经在第二次女权主义浪潮中发挥重要作用的理论议题，强调了对个体经验的尊重，也一定程度上认可了个体事件对社会文化、体制结构产生的影响与价值。“托马斯听证会”无疑延续了第二次女权主义浪潮核心的价值认同，同时实现了从个体经验出发，最终使公共政策发生改变的局面。在这个意义上，“托马斯听证会”扮演了勾连第二次女权主义浪潮与第三次女权主义浪潮的核心认同的重要角色。

时年23岁的丽贝卡·沃克（Rebecca Walker）于1991年1月在《女士杂志》（Ms magazine）刊发了《成为第三次浪潮》（*Becoming the Third Wave*）一文，宣告女权主义在美国社会的复兴。这篇文章聚焦了当时主流文化与非主流文化之间、新左派与新右派政治话语之间发生的权力博弈的变化，使沉寂一时的女权主义精神重新振奋。

相较于上一次女权主义浪潮，第三次女权主义浪潮更强调对自身理论盲点的反省，也更注重性别议题与其他研究范畴、相关因素的广泛联系及可能产生的后果。最为重要的是，与第二次女权主义浪潮格外聚焦“女性”不同，第三次女权主义浪潮更关注以往被视为“边缘”的群体及议题。

鉴于在第二次女权主义浪潮中占据主流地位的、具有权威性的女权主义者基本上由白人中产阶级高知女性组成的局面，作为年轻的黑人女性和双性恋者，丽贝卡·沃克的文章集中反映了青年女性群体、黑人女性群体和双性恋群体对女权主义自身的反省与冀望——包括以往被男权视角以及白人中产阶级女权视角均视为“少数群体”的同性恋、跨性别、双性恋群体及其议题进入公共讨论议程的问题；也包括与“主流女权主义话语范式”不同的权利/权力诉求受到尊重和重视的问题。值得注意的是，在女权主义学术的推进中，很多理论方面的深入都是相关研究者基于自身经验与处境而产生的,受惠于公众对“个人的即政治的”这一口号的普遍接受,个人经验才能有公共书写和社会讨论的机会与空间,女性议题才能在这些公共讨论中逐渐形成女权主义话语,逐渐升华出不一样的女权主义认识论。

无论是女权主义运动还是女权主义学术,发展到一定阶段都会形成某些相对固定的批判模式——将问题的根源指向对父权制的抨击、对传统性别制度与文化的批判、对性别形象与性别角色的刻板塑造的揭橥,甚至细微到某些特定词语的用法①,这种批判模式往往被认为是“主流女权主义话语范式”,也就是“政治正确”②的性别批判方式。

不过,这类反性别歧视与性别压迫的性别政治及其批判模式却隐藏着和父权制思维相类似的“霸权性”,因为这种模式本身并没有彻底摆脱二元对立。例如,对于某些阶层和种族的美国女性而言,工作是为了生活,她们的工作所得很大部分是为了支撑家庭的开销;对于摆脱了基本生存压力的精英女性而言,工作是为了实现自我价值,与家庭收支并没有直接的联系。如果不考虑这些隐蔽在同一性别背后的差异性,忽视种族、阶层与性别交叉后所形成的角度,忽视他人的立场,就会出现女性群体内部斗争目标被强制统一的问题,也会出现个体经验被标准化、同一化的问题;而那些只要没有按照“主流女权主义

① 例如,fireman 改为 fire fighter,policeman 改为 police officer,mailman 改为 mail carrier,congressman 改为 congress member,salesman 改为 sales person,cameraman 改为 camera operator,newsman 改为 news repoter,spokesman 改为 spokesperson,chairman 改为 chairperson,businessman 改为 business person 等。

② 20 世纪 70 年代以来流行的“政治正确”(Political Correctness)术语,用来强调在语言表述上、意识观念中消除冒犯与歧视——用最“中立”的字眼防止歧视或侵害任何人,避免出于种族、性别、性取向、身体残障、宗教或政治观点的不同而产生的歧视或不满。例如,用“智力障碍者”代替“弱智、傻子”;用“跨性别人士”代替“人妖”;用“Ms”代替“Mrs”和“Miss”;用“police officers”代替“policemen”等。很多批评者认为,“政治正确”有时显得“过度敏感”,而且“政治正确”并不能等同于“现实平等”。

的话语模式”来发表意见的人就会被视为“反对”主流女权主义话语，从而落入非此即彼的二元思维窠臼。有些女权主义者很喜欢做这种“站队式”的鉴别，一定程度上也反映出她们迫切需要得到更多认同、迫切需要建立自己的话语圈子。

在这样的背景下，第三次女权主义浪潮比第二次女权主义浪潮更强调“个体”自身的独特诉求，即任何个人都可以根据自己的身份、生活状况提出特有的权力诉求，而不是将“女权主义”诉诸一个“女性群体”唯一的、标准化的诉求模式。由此带来的影响是，很多以往在公众传统观念中的“私人议题”“小众议题”成为事实上的“公众议题”和“大众议题”。

当然，受到媒体生产惯例的影响，在媒体设置相应的性别议题议程时，性别的公众议题和大众议题通常被包裹在其他更宏大的社会议题（如法律、政治、经济、文化议题等）之下。即使是女性媒体对性别议题展开的议程设置也会充分考虑到性别议题与其他社会议题的结合，并考虑到使性别议题成功聚焦的各种话语背景。性别议题往往比较复杂，包含的层面比较多元，就像社会性别这个概念一样，可以不知不觉地渗透到任何话题，并丰富这个话题的深度和向度。所以，一些学者提倡“性别议题主流化”的概念，其实大可不必，因为性别议题已经成功渗透到几乎所有领域，以一己之力实现了对社会议题的影响，只要能够提升公众的性别敏感，推进公众对性别平等达成共识与采取行动，便实现了某种意义上的“主流”。

二、女权主义内部对不同话语方式的审视与反思

第三次女权主义浪潮所形成的另一个重要影响是，很多女权主义倡导者都开始反省对自身角色——在推广性别平等的过程中，有

没有行使“专家式的权威”？有没有将他人的社会性别认同绝对化？有没有将自己的经验作为“绝对的知识”复刻到他人的经验中？——这种反省也是对“女权主义”自行“本质主义”或“绝对权威化”的一种拒绝。以往女权主义对后解构主义的传承主要体现在对自身以外的知识与社会领域，但是在第三次浪潮中，女权主义将解构与批判的矛头对准了自身，使女权主义可以像凤凰涅槃一样，在理论层面得到一次新生，但对自我的解剖往往也是最残酷和最深刻的，所以并不是所有的女权主义流派和学者都完成了实际的涅槃，也有很多固守自己理念和模式的存在，并坚信唯有自己是正统的、规范的、深刻的。

所以，这种反省带来的一个后果是，女权主义团体和个人对传播女权主义知识及理念的方式与态度开始变得谨慎。学术界对带有“普遍主义”“布道色彩”的理论研究产生了疑问，相对而言基于个人经验的个案研究从方法论的层面上受到更多的推崇。鼓励讲述而拒绝下定义——看似女权主义进入了某种犬儒主义的阶段，但是对于女权主义的长久发展而言，不轻易划分阵营、不轻易做评判的做法反而有利于女权主义反对本质主义、反对僵化、反对话语霸权的开展。

第三次女权主义浪潮探讨的主要议题包括：有关生育的问题（堕胎、避孕、幼儿照顾）；有关性别机制的问题（帮助不同收入群体的女性认识到她们收入的差别是由经济制度造成的）；将女性在工作领域的权利诉求系统化（打破玻璃天花板、职业妈妈“双肩挑”、申请产假与保住工作岗位、性骚扰立法）；拒绝狭隘地看待色情作品和卖淫（重视这些议题中的复杂立场与差异性的需求，注意到不同的价值观体现出了不同的评价方向）；转变对女权主义者和性别研究的丑化观念。除了力促个人化的、多元的、“边缘性”的议题进入公共议程之外，第三次女权主义浪潮也拓宽了“情境化的知识”所能涵盖的范畴与要素，注重对特定事件发生的条件及内在所牵涉的相关因素的分析。

总之，第三次女权主义浪潮的发展使女权主义的话语方式不再只有剑拔弩张，而更注重增强个人的自信；评判问题的出发点不再以他人为标准，而是自我指涉（self-referential）、自我赋权。“女权主义”（feminisms）也一扫回潮时期被诟病和扭曲、夸张的“硬邦邦的权力斗士”形象，而力求成为更复杂、更多变、更具（话题）包容度的话语资源与行动力量。

尽管至今为止，学术界对是否有明确区别于第二次女权主义浪潮的第三次女权主义浪潮存在犹豫与争议——毕竟，20 世纪 80 年代至今压抑与贬低女权的政治、体制与文化力量并没有减弱——但无可置疑的是，从 20 世纪 70 年代至今，女权主义斗争的核心始终都是“赋权女性”和实现“性别平等”；只不过在实践方式和斗争的思路上，女权主义经历了不断累积和自我批判的过程。① 另外，一部分女权主义者认为，第二次女权主义浪潮所提出的主要问题和行动路径在今天仍然有效，因此，要对第三次女权主义浪潮的主题和行动方向保持一定的距离。由此也可以看出，女权主义浪潮在很多人的眼中是迭代更替式的，在其他人的眼中却是渐进式与共存式的。女权主义作为一个学术认同集合体，其内部的差异性甚至是对抗性特征也更加

---

① 近年来，有学者提出了“第四次女权主义浪潮”（the fourth wave，2008-onward）的概念。这次浪潮延续了第三次女权主义浪潮对个人化和差异化的强调，并且与政治权力和经济权力诉求这些“宏观范畴”更显疏离；学者们不再诉诸一个大写的“Feminisms”，各种女权主义组织和 *Ms* 这类期刊的力量也日渐式微，取而代之的是对个人生活方式及其选择自主权的强调。另外，与前几次女权主义浪潮强调“意识提升”不同，第四次女权主义浪潮不再强化“观念的合意”，而是更注重在行为与行动中贯彻女权的精神（Every time I move，I make a woman's movement.）。同时，更加回避对他人生活方式及选择权利的干涉，避免将女权主义践行成另一种形式的霸权话语。参见 JENNIFER B. F'em!：Goo Goo，Gaga，and Some Thoughts on Balls[M]. California：Seal Press，2011.

凸显,女权主义者们各自形成了自己的认同圈子。在非性别研究者甚至是反对性别研究的人看来,这种现象好像是“内部自爆”,是一种“自我怀疑”“互拖后腿”,但这正是以解构主义为基础发展起来的女权主义学术的本色,也正因如此,女权主义才能与时俱进、自我反省、自我裂变、不断提升。

三、性别视角下的信息主权问题及女性的自我赋权

20 世纪 70 年代,随着信息技术的飞跃式发展,信息全球化及跨国传播时代随之到来,但是,除了硬件条件之外,信息全球交换与接受在很大程度上受到各国政治体制、宗教信仰、价值观念、政府管理模式等的影响而存在无形的障碍。在此背景下,“信息主权”和国际的信息传播秩序中的不平等问题开始受到普遍关注。

美国媒体评论家、社会学家、作家、传播政治经济学的批判领袖赫伯特·席勒(Herbert Schiller)于 1969 年出版的著作《大众传播与美利坚帝国》(*Mass Communications and American Empire*)启发并推动了国际社会对世界传播秩序的讨论和对新秩序的吁求。该书最重要的理论观点是:自从 20 世纪 20 年代以来,美国政府和军方一直积极支持电子工业寡头,帮助其获得利润丰厚的经济合同和具有优势的频率资源;国家与媒介在推动其本国资本进行全球经济扩张中不遗余力,从而揭示了大众媒介与美国政府、军事工业构成联合体,共同控制美国社会的传播实质。① 这一观点也是传播政治经济学派提出的“文化帝国主义”“媒介帝国主义”的核心所在。

1976 年 7 月,世界不结盟国家新闻部长会议首次提出了建立“世

① 郭镇之.席勒:传播政治经济学的批判领袖[J].国际新闻界,2002(1):66-67.

界新闻新秩序”的建议。[1] 同年，联合国教科文组织第19届大会设立了“世界传播问题研究委员会”。1978年，联合国教科文组织第20届大会通过了《大众传播媒介致力于加强和平与国际了解，促进人权与反对种族主义、种族隔离和战争煽动的基本原则宣言》。

1979年，“世界传播问题研究委员会”改名为“新闻委员会”，其职责为审查联合国的新闻政策与活动，并促进以下目标的实现：“在新闻自由流通及更广泛更均衡地传播新闻的基础上，为加强和平与国际了解，而建立新的更公正和更有效的世界新闻和传播新秩序。”

1980年，该委员会根据对世界信息基础组织结构和传播资源进行的3年调查研究资料发布了《多种声音，一个世界》报告，又称为《麦克布莱德报告》。该报告倡导建立世界信息传播新秩序，主张通过放松版权法规，促进信息传播技术自由交流，鼓励第三世界国家出版业发展及更多的传播资源共享等措施来改善发达国家和发展中国家信息传播资源不平等的状况。[2]

1981年5月，以美国等发达国家为主的二十多个国家的代表在法国塔卢瓦尔举行会议，通过了《塔卢瓦尔宣言》。该宣言重申了“新闻自由”的重要性，严厉抨击了《麦克布莱德报告》，认为其有默认甚至鼓励政府从事新闻审查的倾向。会后，美国众议院通过决议，要求联合国教科文组织停止为世界新闻新秩序起草标准，否则美国将停止承担为联合国教科文组织提供经费的义务。1984年，美国宣布退出联合国教科文组织。在此之后，发达国家又提出了“交流权”问题，认为不受限制地传播新闻是人权的内容之一，但这种观点遭到了传播政治经济学派的抨击。因为任何信息都不是中立的，都会受到意识形态与经

① 李之侠. 建立世界传播新秩序势在必行[J]. 国际新闻界，1998(1)：3.

② 熊澄宇. 传播学十大经典解读[J]. 清华大学学报(哲学社会科学版)，2003(5)：23-37.

济的控制。传播资源的多寡是一种传播权力关系的体现。发达国家的意识形态和商业文化不可避免地会经由信息的传播,挤占、同化发展中国家和欠发达国家的文化,从而实现发达国家对其他国家的文化掠夺。

虽然传播政治经济学派的“文化帝国主义”“媒介帝国主义”学说影响巨大,但并不能根本性地改变世界信息传播秩序的格局。信息资源的战争成为各国之间的一场没有硝烟的、持续性的战争。

1989 年,赫伯特·席勒与威廉·普里斯顿(William Preston)、JR. 爱德华·S. 赫曼(JR. Edward S. Herman)合作出版了《希望与白忙:美国与联合国教科文组织,1949—1985》(*Hope and Folly: the US and UNESCO*, 1949—1985)一书,“记录了联合国教科文组织呼吁世界信息传播新秩序的寿终正寝”①。

信息秩序的打破与重建是一个艰难的过程,其中的权力争夺是赤裸裸的、残酷的。世界信息传播新秩序的建立也是一场信息主权和信息自由的理论之争。作为可以广泛渗透到任何学科、任何理论范畴的性别研究和女权主义学术能否在这场斗争中提供一些理论性的及学术话语、学术框架方面的支撑?能否在化敌对为对抗、化对抗为共识方面提供切实的推动呢?这是性别传播研究在关注和在努力的方向与内容。

尽管围绕“世界信息传播新秩序”的讨论至今仍未定论,但这场讨论本身构成了 20 世纪下半叶以来性别传播研究的一个研究场域:发达国家与发展中国家的信息传播存在着不平等的秩序结构;同时,政府与媒体之间存在着无法割裂的“同谋”关系;信息权力的争夺不断发生,对该问题的关注和相关行动也在不断酝酿。可以说,“不平等”

① 郭镇之. 席勒:传播政治经济学的批判领袖[J]. 国际新闻界,2002(1):65-69.

"同谋"和"权力争夺"这些关键词也正是性别研究、女权主义学术所关切的核心词。因此,信息传播新秩序问题不仅是性别传播研究发展的一个背景,也是它作为一个视角和话语资源加入讨论的研究问题。

从国家与种族和政治经济差别的研究视角分析全球信息传播资源的不平等,为社会性别理论阐释两性在信息传播资源占有上的不平等状况提供了话语参照。特别是在发展传播学和国际传播研究过程中,欠发达地区的女性对媒介的接近权和使用权也成为性别传播研究中的一个重要议题。

利用在世界信息传播新秩序讨论中崛起的传播政治经济学的理论资源以及"信息主权"这一话语范畴,性别传播研究发展出社会性别视野下"女性的信息主权"问题的研究维度。

一般来说,社会性别视野下的信息主权研究被细化为男女两性在信息资源的知情权、参与权、表达权、监督权方面的平等状况的评估。联合国第四次世界妇女大会通过的《行动纲领》中,在"女性与媒体"这一重大关切领域提出了两项战略目标——"促使女性更多地参加媒体和利用媒体表达意见并参与决策""促进媒体对女性作出均衡和非陈规定型的描绘"。这两大战略目标表面上看是以女性的传播权力为主要诉求的,但从实质上看,指涉的是传播中反压迫、反歧视、反刻板定型,是对平等的传播权力和传播机制的吁求。

瑟克斯纳(Cirksena)曾将20世纪90年代以后的性别传播研究的特征归纳为以下五个方面:第一,将性别不平等作为其他各种社会关系不平等的基础;第二,将女性置于研究的中心;第三,将社会性别视角与其他分层视角相互融合,如阶层、种族等;第四,研究是以最终提升弱势者(目前为止仍然主要是女性)的社会地位为导向的;第五,在问题意识建构中强调主体研究。①

毫无疑问,性别传播研究不是一个独立的、封闭的研究系统,它的研究重点、研究方向与自身发展和外部话语情势都是紧密相关的。如果打破已有的、充满不平等的世界信息传播秩序是一个统一目标的话,那么性别传播研究应该是很活跃的一支力量,它能够将对不平等的权力关系的批判深入社会和学术界的每个毛孔,将不同角度、不同学科、不同立场之间的融合与对话展现得淋漓尽致,它赋权于弱势一方,并将其作为主体来研究,这种研究取向与价值立场也是对既有权力结构和权力关系的一种冲击。

例如,"在问题意识建构中,强调主体研究",性别传播研究的具体做法之一就是为"女性争取信息主权",即强调"自我赋权"理念。

传播政治经济学的理论观点认为,媒体与占统治地位的社会主流价值以及与为媒体提供资助的商业集团之间存在合谋的关系,因而寄望于现有的传播体制和媒介生态做出保障女性信息主权的"调整"可谓阻力重重。确立女性自身"自我赋权"(empowerment)的意识,有助于推进女性获得知情权、参与权、表达权和监督权所需的信息资源及信息使用的平等与主权。

"自我赋权"理念是打破既有的权力关系与体制结构,使女性和其他"无权群体"(通常使用的"少数群体"这个概念,在命名上即体现了一种主流与边缘的二元划分及霸权主导意识,因此,这里用"无权群体"这一概念)得到更多资源与机会的核心原则。

此外,"自我赋权"还有助于改变"无权者"缺乏自信的状态。通常来说,女性和其他弱势群体在面对不平等的状况时往往归咎于自身

① ROBINSON G J, BUZZANELL P M. Comparative Approaches to Gender Analysis[Z]. (not published article)

并倾向于贬低自己的能力。因此,“自我赋权”本质上是使“无权者”基于已有的能力建立自信,积极释放其主动性与能动性,并能够自主地设置自身权力/权利诉求的议程,找寻可用资源,制订实施计划,并对这一过程负责。① 也就是说,“自我赋权”理念不仅是使弱势者“向前一步”,拥有一个发声的权力,更是赋予了其重新制定相应的规则和评估指标的权利/权力。这一点对于反抗既定霸权结构和机制是至关重要的。

女性的自我赋权意识所基于的认识论,与“个人的即政治的”口号以及“意识提升”行动所基于的认识论是一脉相承的。这种女权主义的认识论认可女性经验的价值,认同女性成为知识来源的正当性,鼓励女性摆脱客体地位,成为信息与知识的主体。因此,保障女性的信息主权及信息使用的平等权,既需要以女性自我赋权为主要手段,也需要坚持女权主义的认识论。

四、本节小结

第三次女权主义浪潮给性别传播研究带来的影响是深远的、多层次的。最突出的一点是,具有绝对权威性的女权主义话语已出现了松动,尽管它仍占有一隅之地,但更多的女权主义者已经开始笃定地拥抱更具解构性和包容性的话语模式;社会性别的理论指向更贴近个人经验、“边缘”群体及相关议题;同时,相当多的女权主义者在性别平等倡导行动中对自身的角色更具反省和警惕之心,以避免出现违背女权主义倡导的平等与分享原则的话语及行为。这种坚持解构主义特色的女权主义学术与以结构主义为传统的主流美国传播学之间形成了

① Sughosh India Foundation. Sughosh's meaning of empowerment [EB/OL]. (2010-11-08) [2011-10-04]. http://sughosh. in/Empowerment. html.

日益鲜明的反差,而与以批判主义为主的传播学派的结合,显得更加自然与融洽。

另外,从第三次女权主义浪潮中发展出来的"去中心化"的研究取向使美国的女权主义学术对理论研究可能存在的霸权性提高了警惕,这在一定程度上会影响对性别传播研究自身理论体系和研究规律的梳理与总结。尽管女权主义学术内部步调不一致,甚至有些基本认同也是差异的、对立的,但实现性别平等的目标始终没有变过,而且对这种差异性的认识已经超越了以往"强调差异还是消弭差异更好"的讨论的范畴,转而注意到这种差异对女权主义学术自身所带来的积极效应。

女性的信息主权问题研究在某种意义上与国家信息主权研究分享了相同的阐释框架。信息全球化虽然打破了表面的国族界限,却隐藏着发达国家与欠发达国家之间信息传播资源和权力结构不平衡、不平等的问题。信息作为一种特殊的资源,有其意识形态性与商业属性。任何信息在传播背后都无不纠缠着国家、政府、大企业、媒体等多方的利益关系。发展传播学、跨文化传播以及国际传播研究中的性别问题,需要性别传播研究除了立足于社会性别研究框架与理论视角之外,必须结合政治经济学、文化研究、话语理论、符号学等更多样化的话语资源来还原其"研究情境",从而对特定的研究问题实现更全面的阐释。同样,女性的信息主权问题并不局限在"男女对立"的性别分化的研究框架之内。

归根结底,无论是第三次女权主义浪潮促进了个人和边缘化的议题进入公共议程,还是信息全球化背景下女性的信息主权和自我赋权需要运用更多元化的理论视角来加以认知,都无法从作为一个分类指标、差异化的"社会性别"研究范畴中得到完整和深入的阐释,只有坚持女权主义认识论和认可女性个体经验的价值及女性的主体性，性别传播研究才能真正摆脱对传播学进行分性别统计式的单一研究模式。

本章小结

美国性别传播研究的发展受到第二次和第三次女权主义浪潮的深刻影响，无论是在高潮期还是回潮期，女权主义学术不断地对自身的研究特色和研究局限进行总结。在这个过程中，其注重个体经验的价值，认同女性作为知者的研究立场，成为女权主义认识论的哲学核心。

女权主义认识论有力地推动了女权主义学术对“以男性为主体参照”的思维模式的批判，通过倡导“个人的即政治的”“赋权女性”等观念，创造性地突破了传统的、压迫性的社会性别权力格局，也从根本上改善了社会性别研究、女权主义学术以及性别传播研究在社会科学研究体系中的边缘处境。

在信息全球化的社会背景下，传播学对“信息主权”的研究框架，为女权主义学术对“女性的信息主权”的研究提供了一定的话语资源和研究角度的借鉴。尽管国际社会普遍认可“女性和传媒”两项战略目标的意义，不过实现女性的各项信息主权及信息资源的平等权，必须要立足于批判现有的传播体制和媒介生态中维护与复制传统性别机制的认识论，否则在传统主流社会价值和商业利益的影响下，媒体与传播中的性别歧视和性别压迫不可能完全消除。从这个角度来看，女权主义认识论对于性别传播研究的重要意义再一次被强调。

第二章
美国性别传播研究在20世纪七八十年代的发展

20世纪七八十年代,特别是在女权主义运动回潮的这段时间里,女权主义学术深刻把握了媒体、传播与社会性别文化以及社会性别制度之间紧密、直接且隐蔽的关系。女权主义者一方面通过社会运动的方式批判借由媒体表现出来的整个社会制度、文化观念中无处不在又根深蒂固的压迫性的性别机制;另一方面紧迫地意识到,必须将社会性别分析范畴以及女权主义认识论"输入"媒介研究和传播学研究的体系内部,以学术批判和学术增值的方式在性别与传播之间建立一种新的知识生产体系。

本章择取了20世纪七八十年代三个具有重要学术转折意义的时段,梳理了性别传播研究形成自身体系化、专业化的背景与过程,提炼了女权主义学者运用思辨研究方法,对传统科学认识论的概念范畴的质疑与批判,重申了女权主义认识论和价值观对于性别传播研究的学术定位及理论发展的重要意义。

第一节 1977年之前的性别传播研究：理论资源与研究成果

相对于大众传播而言，美国的女权主义者最先建立起人际传播与女权主义运动以及社会性别观念的紧密联系。通过组织各种“意识提升小组”，第二次女权主义浪潮中崛起的女权主义者扮演了“意见领袖”的角色，在意识提升活动中广泛传播了性别公正、性别平等、赋权女性的理念；深入探讨了强奸、家暴、堕胎、性骚扰等以女性经验为主的各种性别议题。随着一些以往被视为私人化和边缘化的性别议题进入公众议程，媒体对公众性别观念与行为模式的影响成为性别传播研究的主要内容之一，其中尤以媒体对女性形象气质的呈现与“制造”为首要反思和批判的对象。

一、贝蒂·弗里丹与NOW：挑战传统性别分工及媒介的性别歧视机制

美国全国妇女组织（National Organization for Women，简称为NOW）第一任主席，曾担任记者、编辑的贝蒂·弗里丹，自孩提时代起就对“女性在生活中扮演的角色问题”充满了疑问。她出身于美国伊利诺伊州一个犹太移民家庭，父亲白手起家，经营一家珠宝店，母亲原本是一家报纸女性版面的编辑，结婚后完全退归家庭。在平时的生活中，母亲总是打击、挑剔父亲，这种抱怨实际上源于她放弃了原本挚爱的工作而产生的内心痛苦。母亲这种煎熬的状态让弗里丹产生了很大触动。若干年后，她在生第二个孩子申请产假时，被单位辞退。作

为女性,她开始系统地思考整个社会对女性生活、女性期待的塑造与规范。1957 年,36 岁的弗里丹利用与大学同学聚会的机会进行了一次深入调查。她发现受过高等教育的女同学大多已经成为深居简出的家庭主妇。她就此写了一篇关于女性生活困境的文章,但是没有任何一家杂志愿意发表。于是,弗里丹又结合一些报纸杂志中对女性生活的报道和调查结果于 1963 年出版了一本跨时代的著作《女性的迷思》(*The Feminine Mystique*,又译为《女性的奥秘》)。

在这本书中,弗里丹指出了战争、大萧条以及第二次世界大战后社会关系的变化、商业文化的崛起对于女性群体的深刻影响。受欢迎的女性气质是顺从的、是贤妻良母式的;那些追求事业成就和高等教育的女性是男性化的、危险的、不受欢迎的。事实上,大量的家庭主妇尽管物质充裕、家庭和美,却感到压抑、无聊、孤独,找不到自我;她们求助于心理医生,但无法确切地描述自己的问题,当时的专家也无法准确地找到问题所在,这种情况被称为"无名的问题"。实际上,"无名的问题"并非女性生理上或心理上的"疾病",而是性别压迫制度渗透在传统文化与社会机制的方方面面,对女性权利诉求予以忽视后所引发的必然结果。

在该书《以性别为指导方向的教育家》这一章节中,弗里丹批评了当时教育界与媒体行业对于这种压迫性的社会文化的宣传和传承。通过调查,弗里丹发现当时的很多中学和大学中普遍出现了一些特定的课程,专门提供一些将女学生培养成家庭主妇的内容。在美国革命修辞中有一个有趣的现象。在论及女性和女性教育时,人们倡导:"我们要教育好妇女,因为她们将会成为下一代男性公民的母亲。她们应该准备好培养聪明的儿子。"①此外,那些发行量大、面对女性受众的

① 邢承吉,刘雨君,鲁迪秋,等. 莎伦·安·霍尔特:教育女性就是为了让她们培养优秀的儿子?[EB/OL].(2019-10-20)[2023-12-12]. http://wenhui.whb.cn/third/baidu/201910/20/295744.html.

报纸杂志很少刊登有关时事、科学、政治方面的内容，只是刊载有关饮食、穿着、时尚、化妆、家居购物的信息。①

这本书后来被翻译成多种文字出版发行，截至2000年，已在全球售出300万册。纽约大学曾于1999年将此书列为20世纪最佳新闻调查类书籍的第37位。美国 *Book* 杂志在2003年7—8月刊将此书列为“改变美国的20本书”的第17位。② 该书吹响了向传统性别角色分工发出挑战的号角，并引发了第二次女权主义浪潮对媒体塑造的女性形象与气质的专注和批判。它通过对美国的教育界、学术界、商界中的性别歧视问题做出深刻解读和批判启发了美国女性对于男权社会意识的质疑，挑战了当时美国社会的性别文化，打破了社会把女性囿于“幸福家庭主妇”的神话，使安于现状、苦于困境的美国女性发出了内心的呼喊，促进了新一代美国女性的觉醒；极大地推动了20世纪六七十年代美国妇女解放运动的发展。③《纽约时报》将该书评价为“点燃了当代女权运动，并因此永久改写了美国等国家的社会结构”④。

不过，该书自出版后也遭受了一些批评，主要是因为弗里丹写作该书是基于中产阶级女性的立场，而忽略了相当多的工薪阶层女性没有准备好（或是没有能力，或是不情愿）接受更高的教育或者选择待在家里。因此，这一部分女性所经历的迷思与弗里丹所谓的“女性迷思”并不是一回事。这一反思的过程暴露出女权主义学术内部多样性、分裂性取向，也促进了“整体女性”这一概念被解构：无论是哪一派女权

---

① 弗里丹. 女性的奥秘[M]. 成都：四川人民出版社，1988.

② 中华读书报. 改变美国的20本书[EB/OL].（2003-07-23）[2022-02-03]. https://share.gmw.cn/www/01ds/2003-07/23/10-CE169B6A7DA883D648256D6C000370A2.htm.

③ Fox M. Betty Friedan, Who Ignited Cause in 'Feminine Mystique,' Dies at 85[N]. The New York Times, 2006-02-05.

④ Fox M. Betty Friedan, Who Ignited Cause in 'Feminine Mystique,' Dies at 85[N]. The New York Times, 2006-02-05.

主义都无权声称代表整个女权主义。随着 1973 年国家黑人女权主义组织(the National Black Feminist Organization)的成立,复数形式的女权主义(feminisms)取代单数形式,获得了越来越多女权主义研究者的认可,这标志着女权主义学术观点与哲学立场的转变。

除了批判媒介对于“幸福的家庭主妇”“贤妻良母”的单一塑造之外,媒介文本中呈现出的性别歧视与性别不平等也是女权主义者重点监测和敦促改变的内容。

美国全国妇女组织成立后,分成了 7 个任务小组,分别调查研究如何对就业、教育、宗教领域中存在的歧视女性的现象采取行动,包括如何解决贫困女性的权利保障问题,宣传舆论中女性的形象塑造问题,女性的政治权利、责任问题和家庭问题等。她们特别组成一个法律委员会,着重调查各州各企业违反《民权法》第七条——歧视女雇员的事例。美国全国妇女组织请求平等就业机会委员会举行听证会,调查解决报界在招工广告上男女分栏的问题。该委员会最终宣布报纸上男女分栏的招工广告违反了《民权法》第七条,报界必须停止这一做法。美国全国妇女组织还敦促约翰逊总统修改一项行政命令:禁止一切与联邦政府签约的企业部门因种族、肤色、宗教或国籍而实行歧视。1967 年,约翰逊总统在新签署的行政命令上加上了“性别”二字,并规定在联邦政府部门禁止性别歧视。①

与此同时,女权主义者希望能够与美国的大众媒体建立“良性的合作”关系,借助媒体的影响力,普及女权主义立场与性别平等观念。

1968 年秋天,纽约、华盛顿、新泽西和佛罗里达州的一些女权主义者采取联合行动,抗议 9 月 7 日在新泽西大西洋城举行的“美国小姐”竞选大会。这一活动引起了美国新闻界的兴趣,报刊、电视纷纷予以

---

① 王政. 女性的崛起:当代美国的女权运动[M]. 北京:当代中国出版社,1995:118.

报道,美国公众第一次感受到“美国的妇女解放运动”的力量。“女性解放”也从新左派精英女权主义小群体的鼓与呼扩散到整个社会,特别是各阶层女性群体的视野。很多女性第一次思考像“女性选美迎合的是什么样的审美标准”“女性自身的审美与男权社会对女性的审美有什么区别”等深层次的问题。这次影响广泛的抗议活动采取了反正统文化运动中流行的街头剧形式:在选美会场外面,女权主义行动者们把一头羊装扮成选美小姐的模样,旁边摆放了一个“自由垃圾桶”,供其他女性抛弃象征着束缚女性的物品。她们还印刷了一些传单,上面写着:“抛弃胸罩、紧身裤、高跟鞋、妇女杂志、卷发器和其他折磨女性的工具!”但是,这些活动和宣传口号经由大众传媒报道之后,被夸张和扭曲为“女权主义者主张烧胸罩”,“女权主义者”的称谓也被戏谑化为“Bra-burner”(隐含着好斗、无事生非等贬义)。尽管事实上并无一人烧胸罩,①但女权主义者“不友好”的媒介形象由此进入了流行文化,也成为美国民众日常玩笑的谈资。对于女权主义者而言,最大的威胁也是最隐蔽的威胁,即美国媒体将女权斗争“去政治化”。

女权主义者选择以比较尖锐的方式来对抗传统观念的禁锢,为的是引起大众深思,也为了吸引大众的关注,但反对女权主义的势力以及媒体抓住这一点,将“尖锐”刻画为“极端”,并将女权主义者建构为疯癫、疯狂、无理取闹的一群“乌合之众”。这种议题建构方式当然受到了性别传播研究者的猛烈抨击,但可惜的是,媒体“去政治化”的报道手段成功地带来了更为深刻和长远的影响。那些骨子里反对女权主义的人常常会说,我们只是开个玩笑,对女权并无敌意,但事实并非如此。

此事更为明确地暴露出,媒介是传统性别观念与主流政治的代

① 王政.女性的崛起:当代美国的女权运动[M].北京:当代中国出版社,1995:103.

言人,一些带有歧视性的媒介内容如果是因为制作者缺乏性别意识,那么可以通过对媒介从业者进行"意识提升"的培训与交流而有所改变,但最为棘手和普遍的现实是,整个媒介制播的机制充满了性别偏见、性别盲点与性别歧视。也就是说,媒介对女性形象的呈现与其说是反映了现实生活中女性的真实状态,不如说是媒介带有预设性的价值判断,有意识地制造、建构了关于女性形象和女性气质的内容及偏好。

贝蒂·弗里丹和美国全国妇女组织的其他成员的研究成果使批判媒介对女性的形象及气质的塑造研究成为美国性别传播研究最具影响力和感召力的研究内容,同时引发了美国性别传播研究对歧视性的媒介机制的重视与批判。

二、沃尔特·李普曼:"刻板印象"的认识论和方法论意义

沃尔特·李普曼(Walter Lippmann)是美国著名的作家、记者,也是《新共和》《世界报》等杂志的主编、政治评论家。其在《纽约先驱论坛报》上开设的专栏《今日与明日》被美国国内外250家报刊转载,历时30载而常青不衰。30年后,该专栏转到《新闻周刊》刊载,由《华盛顿邮报》辛迪加向美国国内外转发,直到1967年3月的最后一期。

李普曼也是传播学史上具有重要影响的学者之一,他的代表作《舆论学》(*Public Opinion*)及提出的"刻板印象"概念是性别传播研究的重要理论资源之一。

"刻板印象"(stereotype)一词,从语源学角度来讲,它来自希腊语στερεός,即"牢固而可靠的印象"。在英文中,最早使用这个词的是弗明·迪多(Firmin Didot,1798),用来指称在印刷排版过程中,用复制代

替原版的一种操作方法。[1] 1850年,“刻板印象”一词被作为“永不改变的不朽形象”来使用。

事实上,“刻板印象”是一个中性化的名词,既有可能产生正面效应,也可能产生负面效应。

约书亚·阿伦森(Joshua Aronson)和克劳德·M.斯蒂尔(Claude M. Steele)曾指出,刻板印象并不必然带来负面的心理反应与影响效果。例如,在以下著名的心理暗示实验中,研究者暗地里随机将被研究者分成两个组:一组被告知他/她们的IQ属于一般;另一组被告知他/她们的IQ非常高。由于两组的被试验者受到了差异化的心理暗示,在实验结束后,两组的被试验者果然在IQ及成就方面出现了差别。[2]

约书亚·阿伦森和克劳德·M.斯蒂尔的观点是,如果能够在人们的头脑中对某些事物形成正面、积极的“刻板印象”,人们对之就会相应地形成坚信不疑的心理认知。在这个层面上,“刻板印象”恢复了希腊语的原意,所谓的“刻板”并非贬义,而是代表了“牢固而可靠”。

1922年,李普曼在《舆论学》中对“刻板印象”做出了当代阐释,尽管保留了“刻板”意味着“牢固而可靠”之意,但更强调了作为一种“成见”的刻板印象所带来的认知脱节。他指出,在人们的头脑中存在着已经定型的印象、观念、看法,甚至是偏见,它们是“我们头脑中的图像”,人们在接触与判断事务的时候,往往会不由自主地以这种既有的认知作为标准。这里的成见大多是一种文化定型,是个人对某种文化定型的主观选择。

---

① WEBSTER M. Merriam-Webster's Dictionary of English Usage. [M]. Springfield: Merriam-Webster, 1994:250.

② STEELE C M, ARONSON J. Stereotype threat and the intellectual test performance of African Americans[J]. Journal of Personality and Social Psychology, 1995, 65(5):797-811.

在李普曼看来，舆论通过各种渠道——如媒介、家庭、学校、同伴和社会影响——在人们头脑中累积下来的印象、偏见和固定的成见一旦形成，就会“淹没”人们对“事件”进行描述和报道的“新视野”。1920年，李普曼对《纽约时报》关于俄国革命的报道情况进行了内容分析，发现记者们所说、所写的是其想要看到或期望看到的东西，而不是实际发生的情景。由于人们头脑中存在着一种“刻板印象”，所以目击者也总是带有成见，总是进行掺杂着想象的报道，而不是对客观情况的报道。①

因而，“刻板印象”实际上也代表着一种超越现实存在的、引导性的认知力量。在刻板印象和事实面前，人们会不由自主地选择相信刻板印象，这是值得研究的问题：刻板印象代表着个人对某种特定信念的笃信、对某些经验高度抽象化后形成的一些特征的固守，即使当下新鲜的感受与这些信念和特征并不符合，也不会影响人们对事物的判断结论，因为他们会将这次经验作为一个偶然，而他们头脑中的刻板印象才是这个事物“应有的”必然。因此，不是人们要刻意说谎或回避什么问题，而是刻板印象导致人们在进行价值判断时常常会做出特定倾向性的主观选择。

“刻板印象”所带来的认知脱节和负面效应被女权主义学术深化和强调，这个词几乎被等同于一个贬义词。② 在性别传播研究中，这个概念被作为一个基本的认识论批判工具，用来阐释社会观念、现实存在以及媒介呈现中存在的“性别隔离”“压迫性的社会性别制度”“被边缘化与贬低的女性角色、地位与价值认同”等诸多女权

① 殷晓蓉．议程设置理论的产生、发展和内在矛盾：美国传播学效果研究的一个重要视野［J］．厦门大学学报（哲学社会科学版），1999，49（2）：108-113．

② NELSON T D. Handbook of prejudice, stereotyping, and discrimination [M]. New York: Psychology Press, 2009.

主义的“元议题”。

不过值得关注的是,女权主义学术本质上也在有形或无形地制造着某些“刻板印象”,这种做法被一些批评者戏谑为“政治正确”,即在发表有关性别的评论时,存在着一些“牢固而可靠的”套路。一旦超出这个套路,就会受到占主流地位的女权主义的抨击。在这个层面上,“刻板印象”不仅为性别传播研究提供了一个认识论上的批判工具,更提供了一种方法论上的自省维度。

此外,近年来,一些女权主义学者逐渐转变了对“刻板印象”所可能带来的负面效果的担忧。从某种层面来说,“刻板印象”只是代表了一种主导性的、主流的、权威化的话语范式的“编码”,这种编码对于每一个独立的个体而言,究竟在多大程度上影响其“解码”,并对每一个独立的个体的观念和行为造成什么样的影响、多大程度的影响,实际上并不存在一个统一的评估指标。一味地批判和强化媒介对性别议题制造上的“刻板呈现”,根本性地表明了研究者对媒介功能的基本认同还停留在“枪弹论”的层面,即认可基于社会主流价值的媒介呈现的“刻板印象”会对公众的观念与行为产生直接和强大的影响。显然,人们对媒介“刻板化的性别制造”的忧虑,没有充分考虑到公众对媒介文本及媒介制作者的意识形态的多样化的“解码”现实。媒介所意图引导的价值观只会对那些本身就对这样的价值观感兴趣或认同的受众较为有效。在这个意义上,媒介内容与受众之间是一种“双向选择”“彼此奔赴”的关系。总体而言,受众和社会没有那么脆弱和被动地会被媒体“牵着鼻子走”。

三、*Ms* 杂志:美国女权主义媒体的榜样

创刊于1972年的美国自由主义女权主义杂志 *Ms*,最初是 *New*

York 杂志的一个内版,从 1972 年 1 月开始才成为一个独立的月刊杂志。[①] 其刊名 *Ms* 成了一个具有文化标志的时代词。此前,无论是否结婚的男性都可以用 Mr. ,女性却因为婚姻关系的有无而被归类为 Miss 或 Mrs。此后,与 Mr. 对等的词汇成了 Ms. ,减少了社会对女性婚姻状况的区别对待及可能引发的窥私与歧视。

该刊在杂志议题的策划方面极具引导性与开拓性,主要表现在:

1972 年,堕胎行为在美国尚未合法化,而 *Ms* 杂志勇于报道了女性对于堕胎的意愿以及堕胎实施的过程。1973 年美国高等法院宣布堕胎合法。[②] 在此前很长一段时间内,受宗教因素的影响,堕胎是不可讨论的议题,也是有唯一答案的议题。*Ms* 杂志不仅将这个议题作为一个公众议题来公开讨论,而且第一次将其聚焦为一个女性议题。这种做法体现出女性杂志在议题设置方面的独特性和使命感。

1976 年,该杂志成为美国国内第一个将“家庭暴力”作为封面议题的杂志,该期的封面图片是一个被丈夫殴打得鼻青脸肿的女性脸部特写。该期杂志引发了美国社会对家庭内的女性受暴问题的空前关注。以往家庭暴力问题常常作为私领域的个人选择或个人性格和行为偏好问题,但 *Ms* 杂志明确地将其中女性受到性别压迫的实质问题鲜明而深刻地提了出来。家庭暴力问题说到底是权力关系不平等的问题,是性别问题。由此,公众开始认识到性别视角和性别敏感的重要性。

在 20 世纪 70 年代,该杂志为女权主义运动提供了全面的支持,也吸引了一批忠实的读者。不过,当时杂志的出版发行一般需要迎合

---

① MCLELLAN D. Innovative Editor of New York Magazine[J/OL]. Los Angeles Times,[2008-7-2]. http://www. latimes. com /archives /la-xpm-2008-jul-02-me-felker2-story. html.

② JIM W. 100 media moments that changed America[M]. California:Greenwood Press,2010:121-122.

广告商的趣味，以获得经济资助，*Ms* 杂志也不例外，但它要恪守女权主义的意识形态立场，对歧视女性的广告内容大加鞭挞，与广告商“消费女性形象”的做法及立场相悖，因此在经营上逐渐陷入困境。1987 年，该杂志曾被澳大利亚传媒公司 Fairfax 买走，1989 年，美国女权主义者安妮·萨默斯（Anne Summers）又将其买了回来，并开始发行没有广告的 *Ms* 杂志。自 2001 年始，该杂志得到女权多数人基金会（Feminist Majority Foundation）的财务支持，成为美国性别平等理念最有力的传播平台。[①] 如今，任何人只要向美国全国妇女组织捐款 25 美元，就可以获得全年的 *Ms* 杂志。

除 *Ms* 杂志之外，1972 年全美已有女权主义报纸、杂志不下 100 种，几万名女性记者编辑活跃在妇女解放运动之中。在总结第二次女权主义浪潮得以复兴的原因时，美国学者萨拉·伊文斯认为，“新左派的内部条件允许青年女性重新审视和解释自己的经历，而她们的处境同新左派圈子外的百万美国女性是相同的。实际上，她们的处境是大多数美国女性的困境的缩影：当新的社会现实在女性心目中唤起更多的潜能时，她们却被陷在陈旧的家庭主妇角色中，尽管妇女解放使很多人吃惊、产生疏远感（尤其是通过充满敌意、故意抹黑的大众媒介的放大效果来看时），但对女性要求平等的呐喊的反应，证明了女权主义开掘了埋藏在社会底层中的极大的郁闷和愤慨”[②]。在这个过程中，女性集体的历史经验和个人经验被重新唤醒，被作为一个问题而聚焦和思考，由经验论到认识论，女权主义开始在公众中得到认同方面的质的变化。

20 世纪 70 年代前期，很多妇女组织和协会开始监测媒介内容，并

① Ms Magazine. Ms Magazine-HerStory. [EB/OL]. (2009-10-06)[2022-02-03]. http://www.bu.edu/pardeeschool/tag/ms-magazine.

② EVANS S. Personal Politics: The Roots of Women's Liberation in the Civil Rights Movement and the New Left[M]. New York: Vintage Books, 1980: 221.

对当地媒体和国家媒体施加压力,以求在媒介呈现和制作中体现女性的喜好,在媒体工作中增加女性从业者的比例。①

很多性别传播研究和实践在特定的阶段会有意识地去服务"急需"的目标,它们尽管在缓慢推进更艰深和更专业的学术内部的发展,但更注重致力于获得更多认同和更多外部支持的具体政策干预与现实改变。这些监测一般是基于女权主义运动所倡导的性别平等的基本理念,遵循的是自由主义女权主义者所提出的"加入女性"的改良思路。因此,虽然对媒介呈现中的性别偏见与刻板成见的批判引起了很大的反响,一度成为公众认知中的"政治正确"的共识,但是没有如期带来媒介与传播机制中的性别压迫现象和根源性的改革,而且女权主义者的发声一般都局限在女权主义媒体这一"替代性媒体"相对狭窄的领域,并没有得到大众媒体特别是主流大众媒体的认可。可惜的是,女权主义媒体对这些议题的聚焦方式、解读框架并没有被借鉴到一般性的媒体尤其是传统主流媒体之中。于是,这种现象开始出现并顽固地延续下来:一方面性别传播研究和女权主义学者对媒介中的性别压迫展开了深刻的批判,另一方面媒介呈现与传播生态中性别不平等的问题依然普遍存在。②

这一时期,相关的研究成果主要包括《电视新闻中的女性》(*Women in Television News*, and Ross's,*Ladies of the Press*)《不仅仅是注脚:女性新闻工作者的历史》(*Up from the Footnote*:*A History of Women*

---

① GALLAGHER M. The Push and Pull of Action and Research in Feminist Media Studies[J]. Feminist Media Studies,2001,1(1):11-15.

② 在媒介组织内部,美国电视新闻主任仅有17%为女性(Lafky,1995:255);广告界的女性企划主任仅占10%(Linda Lazier & Alice Gagnard Kendrik,1993:206);女性报纸出版商和电视节目主任仅占5%(Julia T. Wood,1994:234);普通电视记者和印刷媒体记者、编辑中的女性比例分别为25%和34%(Gallagher,1995)。此数据见曹晋.批判的视野:媒介与社会性别研究评述[J].新闻大学,2005(4):3-12.

Journalists)等。这些著作搜集、整理了有关女性媒体、女性新闻工作者、出版者的翔实信息,并且加强了图书收藏与女性议题的联系。正是通过这些著作,女性在媒介和传播历史中的作用逐渐凸显,女性自己的媒介制播史和性别传播史的研究开始为更多的学者所关注与重视。这一时期对于性别传播的发展而言,书写历史的意义是格外突出的,拒绝被书写的批判精神也得到了有力的发扬。

四、本节小结

在1977年之前,性别传播研究整体上尚未体系化,相关的研究集中在运用社会性别视角对媒介呈现与媒介制造的刻板化的女性形象和女性气质的批判上。这类研究并没有借助更广泛的理论工具,而是从女性日常生活的经验出发分析女性的媒介形象与现实处境之间的落差,批判媒介机制消费女性形象并迎合压迫性的主流社会价值。

"刻板印象"不仅是传播学的一个重要概念,也是最早被性别传播研究用来对媒介呈现和制造的女性形象的内容及其运作机制进行批判的一个理论范畴。通过还原"刻板印象"的内涵变迁,可知该概念范畴的核心是描述原本"牢固而可靠"的认知观念与已经变换的时代话语相脱节的状况。对于性别传播研究而言,如果忽视女权主义学术话语的发展,固守某些成为定式的话语套路或分析模式,性别传播研究自身也将不可避免地陷入"刻板化"的窠臼。

Ms 杂志的发展展现了女权主义在媒介议程设置方面的开创性与批判性。在第三次女权主义浪潮致力于推动个人化的边缘议题进入公共议程之前,集中反映女权主义立场的 *Ms* 杂志已经在性别议题的制作及报道方面取得了进展。尽管受制于媒介产业的商业化运作规律,*Ms* 杂志还是发展出了一套依靠基金会的资助和公众捐助等得以

运营的方式,规避了对保守的主流政治和消费女性的经济模式的依附,成为在女权主义立场上不妥协的媒介榜样。

值得注意和令人惋惜的是,女权主义通过女性媒体展现出的性别议题的议程设置模式和技巧并未被一般性的媒体和主流媒体采纳。一些研究者认可了将女性媒体命名为"替代性媒体"的这一做法,承认这个概念的合理性就等于认可传统主流媒体在话语权方面的绝对优势和不容置疑性。不冲击媒体权力结构和命名方式,就不会从根本上改变媒体之间不平等的权力关系。尽管女性媒体有了一个"替代性媒体"的新标签,但并没有实质的话语权。

另外,女权主义媒体所造成的声势给予性别研究很大的鼓励,吸引了很多青年学子和知识分子群体的关注与兴趣,但是对于美国抵制性别平等和女权主义的力量来说,这一声势无疑只是起到了"免疫接种"的功能,他们受到媒体推送和社会讨论的影响而无可避免地接触了女权主义对性别议题的聚焦与设置,但这种接触对他们而言就像接种疫苗一样,为的是激发更多和更强硬的反对力量。也就是说,女权主义媒体和任何主张性别平等的推动手段一样,不仅壮大了性别研究的力量,也激发了反性别研究去壮大他们的力量。这是不能忽视的历史常态和权力斗争规律。

第二节　20世纪70年代:美国性别传播研究体系化的开始

20世纪70年代,正是社会性别研究和女权主义学术对美国的高等教育体系及各种学科领域全面渗透的时期，催生了一系列与社会性别相关的跨学科研究领域。一时之间，“社会性别”成为社会科学研究无法忽视的一种研究视角。在这样的背景下，“妇女研究”(Women Studies)首先在传播学的研究体系被固定，成为传播学研究的一个分支领域。以“妇女研究”为突破口，“社会性别研究”随后被全面渗透进传播学研究体系。

在1977年至1978年间，“社会性别”完成了两个层面的发展——既成功地“渗透”进传播学研究体系，又实现了对传播学的既有研究范畴和理论内涵的“增值”，甚至是“革命式”的拓展。

一、社会性别研究广泛渗透进了传播学研究体系

在20世纪70年代中后期至80年代早期，很多专业期刊中都出现了一定数量的“社会性别研究”或与“女性”相关的研究，如*Signs*、*Feminist Studies*、*Gender and Society*。在一些高层次的社科期刊中，很多其他专业的学者表现出对“社会性别”的研究兴趣。

据统计，在1974年至1983年间，在*Social Forces*(SF)和*American Journal of Sociology*(AJS)这两份高层次社科期刊中，13%的论文涉及社会性别研究的议题，特别是在1980—1983年，社会性别研究的论文呈井喷式增长。*American Sociological Review*(ASR)和*Social Problems*(SP)在此期间的社会性别研究论文发表量达到20%。到20世纪八九十年代，SF的社会性别研究论文的发表量达到60%，AJS达到80%，ASR和SP达到25%。[①]

这些文章集中反映出女权主义学术“关注女性”的问题意识——

① ROSENFELD R. What do we learn about difference from the scholarship on gender? [J]. Social Forces, 2002, 81(1): 1-24.

女性被排除在很多事务、领域之外，并且被限制在特定的领域之内，这些领域被视为“女性领域”，最典型的“女性领域”就是“家庭”。因而，20世纪70年代的研究被称为“打破性别藩篱”的研究，研究的策略就是“加入女性并带来改变”。不过，这一类研究的缺陷是，过度注重“女性”、忽略“性别”意味着更为广义的“多样性”，如阶层、种族以及性取向等。

在其他学科纷纷引入社会性别研究视角的趋势下，社会性别研究以及女权主义学术也开始受到传播学领域学者的关注。

从20世纪60年代开始，传播学研究开始注重对个体差异性经验进行对比研究。特别是女性对自身的主观认同与她们实际生活实践之间的关系，是传播学研究人与人、人与自身如何交流和沟通的学问所感兴趣的内容。此外，社会性别研究的目标倾向于带来现实生活的改变，注重提升社会公正水平，促进所有社会成员实现自我价值。这一目标与提升公民的媒体素养教育目标不谋而合。

1977年，在美国《新闻与大众传播季刊》(*Journalism and Mass Communication Quarterly*，以下简称为《传播季刊》)当年的年度索引中开始有了“少数群体”(minorities)这一分类，“女性”“黑人”“亚裔”都归入该类别。在1977年之前，《传播季刊》每年只有一两篇有关“女性”的论文，而1977年集中出现了8篇相关论文。此外，《报纸》(*Gazette*)在1967年至1981年之间没有一篇关于“女性”的论文；《哥伦比亚新闻评论》从1961年(创刊)至1971年的这十年间只有10篇文章是关于女性与新闻的研究，1971年至1977年间共有7篇相关文章。①

自1977年起，性别传播研究开始成为一个相对独立的研究范畴，并在传播学的学术期刊中占有一席之地，主要表现在以下几方面：

① 陈阳. 性别与传播[J]. 国际新闻界，2001(1)：59-60.

第一,以往的女权主义学术研究基本上囿于"意识提升小组"的人际传播的小圈子,难免有"自说自话"的局限。包括传播学在内的其他社会科学,并未认可社会性别研究的科学性与合法性。一定数量的与女性相关的文章逐渐稳定地出现在传播学的相关期刊中,表明了女权主义学术话语已经开始得到认可并逐步形成规模。

第二,以往有关社会性别的研究大多停留在女性之间负面经验的分享与批评上,尚未发展出更多层次、更系统的批判体系。"女性"作为"少数群体"的一个组成部分进入了《传播季刊》的年度索引,这意味着社会性别研究视角及多元化的研究议题在传播学的研究体系中获得了进一步的发展空间。

第三,由此开端,"性别"与"传播"研究在跨学科研究领域中的互动关系开始受到研究者的重视。尽管以下观点似乎已经成为一种共识——女性是传播学研究的一个索引,标志着传播学对包括女性研究在内的广泛的社会性别研究的"收编",性别传播研究正式成为传播学研究的一个分支——但是,另外一种研究取向同样值得引起研究者的重视,即认为社会性别研究并不必然只是一种传播学研究的视角,它的批判性和解构性可以与批判主义传播学相互融合。因为除了社会性别议题之外,社会性别研究的方法论(强调思辨研究)给传统主流传播学研究带来了不小的冲击,一些研究已经突破了传播学的传统研究框架,区别于"对传播学进行性别化分析的研究",一种强调女权主义哲学立场的性别传播研究正在迅速发展。

二、社会性别研究对传播学研究的理论增值

莱娜·F. 瑞蔻(Lana F. Rakow)在《女性制造意义》(*Women Making Meaning:New Feminist Directions in Communication*)中曾评论道:"事实

上,20 世纪 70 年代的性别研究仍笼罩在‘男流’的科学研究模式之下,虽然已经开始注意到性别的差异和歧视,但是在方法和理论上都尚未发展出女权主义的观点。”此言虽然概括出 20 世纪 70 年代性别研究在整体上缺乏理论建树的现状,但严格说起来也未尽然。

1978 年,盖伊·塔奇曼(Gaye Tuchman)等人在编著的《壁炉与家庭:大众媒体中的女性形象》(*Hearth and Home:Images of Women in the Mass Media*)的前言《大众媒介对女性的象征性歼灭》中提出两个基本假设:一个是大众媒介以象征方式反映主流社会价值,为了商业利益追求最大数量的受众;另一个是在大众传播媒介中,女性注定要遭受“象征性歼灭”(Symbolic Annihilation of Women)。也就是说,女性的形象总是被归类为被伤害的或被琐碎化的类别,在更多时候,女性虽然得到了媒介呈现的机会,但是并不全面和深入,女性在媒介资源的利用和使用上依然处于边缘地位。

这两个理论假设从性别的角度验证了传播学批判学派的观点,从意识形态控制的角度可以发现,媒介对传播内容的生产与传播的本质在于维护主流社会价值和商业利益。这一观点与法兰克福学派代表人物西奥多·阿多诺(Theodor W Adorno)以及马克斯·霍克海默(Max Horkheimer)在《启蒙辩证法》(1947)一书中提出的“文化工业”概念的内涵不谋而合。这两个假设可以被视作社会性别的理论视角对传播学批判学派的学说进行理论互动和理论增值的一种结果,它们赋予了“文化工业”概念以性别指向,进一步证实了服务于主流社会价值和商业利益的媒介文化具有性别偏见与性别歧视,反映了主流社会阶层在压迫性的性别制度中具有既得利益与统治意志。

尽管《壁炉与家庭:大众媒体中的女性形象》没有提出其他更具影响力的理论,但是对性别传播研究而言,该文集奠定了女权主义媒介

与传播研究的基本模式,这体现在以下几方面:

首先,“象征性歼灭”成为性别传播研究用来分析媒介中女性形象塑造、媒介与主流社会价值、媒介和商业利益之间合谋关系的一个重要理论工具。

其次,“两个假设”的提出揭橥了法兰克福学派理论观点中的性别盲点,将社会性别与传播批判学派理论观点进行互动、嫁接,实现了理论话语的增值。

最后,该文集集中批判了媒介呈现的女性形象与女性现实生活的隔离甚至背离的问题,这是首次运用女权主义的批判立场对媒介与传播实践进行系统审视的一次有益尝试,体现了女权主义学术在媒介研究中能够发挥的主体作用。

三、本节小结

自1977年起,相对系统化的性别传播研究在美国学术界正式发展起来。这样的论断是基于以下两个基础性依据得出的:

其一,女性成为《传播季刊》的年度索引,标志着在传播学研究中,“妇女研究”已经成为一个相对固定的研究范畴;相关的统计数据表明,该研究范畴已经形成了一定的研究规模。

在性别传播研究的早期,由于社会性别话语过度强调两性之间的差异研究,使从女性的经验出发、为了女性、倾向于女性的“妇女研究”成为社会性别研究的主导性研究取向。随着社会性别理论话语的不断发展,研究者逐渐抛弃了以男性为参照、强调女性“边缘”与“不足”的二元化思维观念和研究思路,代之以更加注重女性主体价值的研究立场。在研究议题上也实现了多元化的突破,无论是自由女权主义所倡导的消除性别隔离的议题,还是激进女权主义提出的重建性/社会性别制度的议题，或者是马克思主义女权主义提出的女性经济权利和社会权利的保障议题，都相继进入了传播学研究体系。从社会性别视角出发所进行的传播学研究成为正统传播学研究的一个分支。

其二，作为一个相对独立的研究领域，性别传播研究实现了知识的再生产，实践了社会性别对传播学的理论观点的话语增值。相较于社会性别研究在传播学研究体系产生的“量变式”的影响，这一研究成果给传播学的原有理论体系带来了“质变式”的变革。

《壁炉与家庭：大众媒体中的女性形象》是第一次系统地从女权主义研究立场出发，对媒介呈现的女性形象展开政治经济学层面的批判和文化研究层面的批判。盖伊·塔奇曼在编辑这本文集的过程中，有意识地将社会性别同传播学批判学派的理论观点进行话语融合，提炼出两个“基本假设”，对传播学批判学派在社会性别研究视角方面的缺失加以补充。

这种研究模式为日后性别传播研究的理论发展提供了一种非常有效的借鉴思路。例如，小约翰（Little John，S. W.）在其所编著的《传播理论》（*Theories of Human Communication*）中收录了“无声群体理论”和“男权的全域”，展现了传播语言学与社会性别研究的话语融合及理论增值。

第三节　20世纪80年代：性别传播研究的“客观性”论证与专业化实践

在性别传播研究日趋体系化之际，性别传播研究的“科学性”

与“专业性”问题也随之被提出。事实上，这不是仅针对性别传播研究这一个研究领域的问题，而且是涉及所有与社会性别研究相关的跨学科研究的学术定位问题。

以社会性别研究为主体的女权主义学术在与传播学和其他学科相互融合的过程中遇到的最大挑战在于如何证明女权主义学术研究的科学性。一直以来，女权主义学术都遭遇着“缺乏科学性与客观性”的批判和质疑，一种普遍的认同是，女权主义学术尽管在批判父权制和压迫性的社会现实方面具有一定的深度与影响，但是女权主义学术总是强调“女性经验与立场”，强调“主观性”的价值，这与传统科学体系赋予“客观性”以“唯一合法性”的认知定式格格不入。因此，在跨学科研究中，传播学与其他学科一样，总是将社会性别以及女权主义学术作为一种“特殊的视角”来对待，无形中抑制和降低了社会性别以及女权主义学术在跨学科研究体系中的地位与影响。

对此，女权主义研究者从反思“科学的客观性”这个元议题入手，从批判传统科学观及认识论的角度强调了性别传播研究的“科学性”与“专业性”体现在打破二元论思维定式和一元论的话语霸权之上。1988—1989年所涌现出的著作集中呈现了这种女权主义式的哲学论证，从而为性别传播研究的专业化发展提供了基本的话语保障。

一、批判二元论思维框架下的“科学的客观性”论断

事实上，文学、美学、心理学等强调主观性研究的学科及相关研究领域都提出了重新构建“研究科学性”的评判标准问题。托马斯·塞缪尔·库恩（Thomas Samuel Kuhn）在1962年出版的《科学革命的结构》中也曾反思所谓“科学的客观性”存在着认知上的局限，阐明了“科学的形成也深受价值观、世界观的影响”这一事实，从而对以往的

“科学客观性”的评判标准提出了有力的挑战。

在性别传播研究的历史上,唐娜·哈拉维(Donna Haraway)对“科学的客观性”做出女权主义的理论批判,阐明了性别传播研究反对二元论思维和一元论霸权的认识论特征。

作为美国著名的女权主义者、新马克思主义者和后现代主义者,唐娜·哈拉维一生致力于妇女研究和科学史的研究,在动物学、哲学和文学领域都颇有建树。她擅长从哲学思辨的角度提出问题,其研究观点在批判传统科学观念的局限性方面影响深远。

在1988年发表的论文《情境化的知识:女权主义的科学问题和局部视角的优势》[①]中,哈拉维系统地回应了女权主义学术的价值评判标准和立场问题。这篇论文的写作也是为了回应桑德拉·哈丁(Sandra Harding)在《女权主义中的科学问题》(1987)中提出的观点。

传统的“科学客观性”的评判是基于一种性别盲点和性别歧视的认识论。在这种认识论的评判标准中,“经验”作为“知识”的对立面而受到贬低;女性的主观经验也通常被界定为“非知识”的范畴。为此,桑德拉·哈丁曾明确地提出一种女权主义认识论,即女性可以成为“知者”,主体经验可以成为判断事物的标准。

哈拉维运用这种女权主义认识论来对“客观性”概念和科学修辞传统中的父权控制提出批判。她认为,所谓的“科学”本质上是一种父权制的修辞实践,“科学实际上是一种具有争议的文本,也是一个权力斗争的范畴”[②]。绝对的“科学”是一种本质主义的论断,这种论断忽视科学研究不能完全排除主观性的影响及作用的事实。基于一元论

① HARAWAY D. Situated Knowledges: the Science Question in Feminism and the Privilege of Partial Perspectives[J]. Feminist Studies, 1988: 575-599.

② HARAWAY D. Situated Knowledges: the Science Question in Feminism and the Privilege of Partial Perspectives[J]. Feminist Studies, 1988: 577.

的话语霸权,“科学”与“非科学”被泾渭分明地进行二元划分。

从女权主义视角出发,哈拉维提出,所谓的“科学的客观性”实质上并不能等同于一个封闭的、唯一的、定论性的评判范畴:“科学和技术结构就像洋葱一样,将会一层一层地被不同经验所揭示出来,随着人们经验的丰富和变化,关于何谓‘真实’与‘真理’,人们也将会有不断发展的观点。”①

总之,哈拉维批判了在当时社会科学研究中普遍存在的本质主义和“非此即彼”的二元论思维。她指出,归根结底,一元论的话语霸权才是制造所谓“科学客观性”的评判标准及导致其认知缺失的根源。

对性别传播研究而言,在一种存在性别偏见和性别盲点的认识论框架中,社会性别研究和女权主义学术势必不会得到“科学客观性”评判标准的认可。因此,无论是社会性别研究和女权主义研究,还是性别传播研究,其学术目标与其说是争取获得“科学客观性”的认证,不如说是打破传统的“科学客观性”所依托的一元论话语霸权和二元论评判标准。

反观将社会性别及女权主义学术作为性别传播研究中一种独特视角的做法,挤压了社会性别及女权主义学术在跨学科研究中的主体价值与影响,限制了社会性别研究与传播学研究多样化“对接”的可能性。

二、情境化的知识:女权主义框架内的“客观性”内涵

哈拉维一方面批判了传统知识体系对于“科学的客观性”的认识

① HARAWAY D. Situated Knowledges: the Science Question in Feminism and the Privilege of Partial Perspectives[J]. Feminist Studies, 1988: 578.

偏见,另一方面结合"知识的构成及属性"阐述了女权主义框架内的客观性内涵。

哈拉维用"情境化的知识"(situated knowledge)来限定客观性发生的条件:"知识是被历史、物质、文化和语言所中介的,因此,知识也是有限的,而且知识是被权力维护的,尽管它并不必然与一系列权力关系相一致。"①

她认为,要对抗本质主义一元论以及二元论思维定式,不能用"整体化和单一的视角,而是用部分的、局部的和批评性的知识来维持政治上团结的、认识论上对话的关系网络的可能性"②。

"女权主义的客观性简单说就是'情境化知识',即从一个位于特殊时间和地点的特殊身体,去认识、观看、见证、证实和言说,这种特殊不是字面上的而是关系上的。"③不可忽视的一个关键因素是,不同的局部视角之间尽管是平等的,但彼此之间并不是无差别地盲目融合,"不同的视角之间要进行监督和批判。同一性,包括自我同一,不会产生科学;批判性的定位才产生科学,也就是说,产生客观性"④。

哈拉维的学术观点为性别传播研究在20世纪80年代确认自身的学术定位提供了重要的理论支持。

首先,哈拉维对"科学的客观性"提出了女权主义框架内的阐释,

---

① 詹森.批判的传播理论:权力、媒介、社会性别和科技[M].曹晋,译.上海:复旦大学出版社,2007:43.

② DONNA H. Sinians, Cyborgs, and Women: The Reinvention of Nature[M]. New York: Routledge, 1991:191.

③ DONNA H. Sinians, Cyborgs, and Women: The Reinvention of Nature[M]. New York: Routledge, 1991:188.亦见杨艳,蔡仲.唐娜·哈拉维的女性主义及科学思想探析[J].科学技术与辩证法,2009,26(3):102-106.

④ DONNA H. Sinians, Cyborgs, and Women: The Reinvention of Nature[M]. New York: Routledge, 1991:193.亦见周丽昀.情境化知识:唐娜·哈拉维眼中"客观性"解读[J].自然辩证法研究,2005,21(11):20-24.

重申了桑德拉·哈丁所提出的女权主义认识论的哲学基础,赋予了主观经验以认知价值,确认了以往性别传播研究所采取的“意识提升行动”、平等分享个体经验的模式及意义。

20世纪80年代的性别传播研究已经深入对于“结构”和“机制”中缺乏性别公正的全面反思(gender in machine)。研究者意识到,在媒介中更多样化地呈现女性的生活固然重要,但更重要的是挖掘和批判那些支持对女性予以漠视或歧视的机制与根源。实际上,“社会性别”本身也是一种机制,它反对压迫性的性/社会性别机制,提倡构建和推广一种积极、平等的性/社会性别机制。有一个专门的术语叫作“doing gender”(West and Zimmerman,1987)——也就是说,人们可以按照某类性别机制去实践自己的性别身份,也可以拒绝以某一类性别机制来代表自己的性别身份认同。在“社会性别”这个机制下,个体可以根据自己的需求和现实情况发展出不同的解释与行为方式。哈拉维对传统“科学的客观性”的批判体现了女权主义学术对社会科学的认知机制所做出的哲学反思。

其次,哈拉维用“情境化的知识”来凸显其重视多元主体和局部视角的立场。在她看来,并不存在一个“先在性的”、占主导地位的“中心视角”或“中心主体”,不同的观看、感知方式,结合不同的外部环境与条件会带来不同的主体和他者的排列形式。

决定排列方式的不是别的,而是现实实践。哈拉维强调了一种女权主义的认识论,即“很多事物都是相对的,没有绝对的,包括立场”。例如,处于不同的环境下,从集体或个人的立场出发可能会出现完全不同的观点。尽管如此,具有差异性的两种立场却可能都是成立的。具体来说,女权主义认识论批判了传统认知观念中将“理性”凌驾于“情感”之上的观点,强调了“情感”与“理性”一样具有价值,但这并不意味着女权主义为"情感"设定了一个本质主义的评判标准，即认为"情感"一定具有价值，因为这种观点和认为情感一定不具有价值一样，都具有本质主义的偏见。认同"情感"具有价值与"情感"一定具有价值是两回事。同理，女权主义认识论提出"女性可以成为知者"，并不是说女性一定都是知者；主观真理可以成为判断知识价值的尺度，并不是说"主观"一定比"客观"好。因此，"情境化的知识"最重要的是提供了一种反本质主义的认知和评判尺度。

"情境化的知识"对于性别传播研究而言，也揭示了并不一定存在着以传播学为主体，以社会性别以及女权主义学术为客体（或说一种特殊视角）的固定的、唯一的研究范式，这一发现为社会性别以及女权主义学术成为性别传播研究的主体打开了局面并提供了理论支持。

最后，从哈拉维的学说中延伸出对"广泛联系的背景"以及"女性内部差异性"的强调。因为无论是整体视角还是单一视角，都陷入了本质主义或者二元论思维的陷阱。对性别传播研究而言，白人中产阶级女权主义学说并不能代表"社会性别研究"或者"女权主义学术"的全部，"白人中产阶级立场的女权主义中心论"已经被打破，"社会性别研究"突破了被等同于"女性研究"的单一视角，黑人女权主义、少数民族女权主义、性存在女权主义（sexuality feminism）等学术观点也开始被确立为性别传播研究的重要理论资源。此外，符号学、解构主义、心理学、精神分析、强调阶级和差异的马克思主义及文化研究、福柯的权力话语等都成为性别传播研究的理论工具。

三、基于女权主义价值观的传播学研究实践

从20世纪70年代开始，相当多的性别传播研究涉及了女性媒介从业者生存与发展的议题，以及与女性或者社会性别相关的新闻编辑

报道的研究,如《男性与女性把关人如何应对关于性别的新闻》(Whitlow,S.,1977)、《最被渴望的女性:新闻中的形象制作》(Lang,Gladys Engel,1978)等。不过,这些研究都有一个共同的特征,即"解构性的展示与批判"多于"建设性的论证"。其中一个根本的原因在于各类媒体的把关人和传播体制的制定者的思维观念遵循着根深蒂固的性别等级化的价值认同模式,这也导致了性别歧视与压迫普遍存在于媒体、传播乃至整个社会之中。因此,并不是技术性地或者程序性地"加入女性"就能够解决问题,而首先在于对传播机制和公众认知观念中的性别盲点和性别歧视予以质疑与重建。

1989年出版的论文集《传播中的女性:挑战性别价值观》,第一次集中、尖锐、全面地质疑了传播机制中"价值评判标准"的问题。该书主编帕梅拉·格里顿(Pamela J. Creedon)在进入学术界之前,有15年的《校友》杂志编辑、公共信息官员以及公共关系从业者的经历。自1984年起,她开始在俄亥俄州立大学教授新闻、广告与公共关系的课程。她是第一个在高校设立有关女性与公共信息研究的女学者。除了担任教授以及新闻与公共关系的系主任之外,她一直在有着30年发行历史的期刊 *Seeking Equity for Women in Journalism and Mass Communication* 担任编辑。

帕梅拉·格里顿主编的《传播中的女性:挑战性别价值观》(1989年第一版)①,被认为是以女权主义视角探讨性别研究如何挑战大众传播研究的传统价值认同标准的经典之作。在编者自述②中,帕梅拉·格里顿指出,在媒体实践或者传播研究的过程中,存在着一种隐

① GREEDON P J. Women in Mass Communication: Challenging Gender Values[M]. Thousand Oaks: Sage Publications, 1989.

② GREEDON P J. Women in Mass Communication: Challenging Gender Values[J]. Thousand Oaks: Sage Publications, 1989.

而不宣的“潜规则”，那就是仅根据性别来判定一个事物是否具有价值。这种站在白人男性中心主义的立场上评判价值的标准与机制，是媒介与传播中存在性别歧视和性别压迫的根源所在。

帕梅拉·格里顿倡导在大众传播研究中置入“性别转换器”（gender switch）——在以往的媒介实践以及相关研究中，由于缺乏性别视角而对性别歧视没有感知，或者对性别压迫视而不见，因此，必须借助社会性别话语和理论，以女权主义价值观为衡量标准，揭示大众传播研究领域中对性别议题的一贯忽视，以及在媒介历史中剥离女性历史、在媒介行业中损害女性从业者各方面权益的问题。

帕梅拉·格里顿认为，消除从业领域的性别歧视最重要的是能够“改变评判价值的标准”，不能仅通过“性别”就判定某些事物的价值，特别是不能将“男性与女性”简单等同于“优势与劣势”“有价值与无价值”。因此，在大众传播研究中置入“性别转换器”的目的是转变仅由于性别的差异而区别对待、等级化评价的认知态度与行为模式。

大量的调研数据显示，在报纸、杂志、广播、电视、广告以及公共关系领域工作的女性和从事传媒教育工作的女性，普遍遭受着同工不同酬以及“玻璃天花板”的问题。怎样做才能彻底打破这种不公平的局面呢？帕梅拉·格里顿认为，与其整天“抱怨式地批判”，不如走一条积极可行的道路，即在现有的机制下提升女性的地位，最终改变机制本身。[①] 具体的实施办法包括倡导媒体立法、在媒介内容中制作有关女性/性别的专题内容、为不同种族的女性提供媒体发声的空间等。尽管增加女性媒体从业者的比重并不必然带来媒介制作生态中性别

---

① GREEDON P J. Women in Mass Communication：Challenging Gender Values［M］. Thousand Oaks：Sage Publications，1989：27.

平等状况的改变,但为做出改变提供了发展空间。倡导和制作具有性别平等意识的媒介内容并不是女权主义媒体的专利,必须在一般的大众媒介中形成一种性别监测的主动意识,这样才有助于最终改变歧视性的媒介体制和传播生态。

有别于以往对女性传媒工作者"素质提升"的倡导与研究取向,具有女权主义价值观的传播研究认为,将男性从业者与女性从业者进行先入为主式的工作领域隔离以及将男性与"硬新闻"、女性与"软新闻"的分派模式作为一种不可挑战的认知定式和现实指标,正是基于贬低女性经验价值及能力的传统认识论。在具有性别歧视的行业标准之下,女性的能力被质疑,并要求按照以男性为主体的行业规范进行"素质提升"的训练。支持这一整套"规训与惩罚"机制的正是压迫性的权力统治意志。

总之,帕梅拉·格里顿及其主编的《传播中的女性:挑战性别价值观》从改变女性媒体从业者的生存状况的研究出发,抨击了媒介制播机制中存在的性别偏见与现实中的性别隔离的关系等问题。这是继桑德拉·哈丁和唐娜·哈拉维提出女权主义认识论对科学标准的重构之后,第一本系统地从女权主义价值观及研究框架出发所展开的传播研究,开创了性别传播研究"专业化"的发展路径。

四、本节小结

在对传统科学客观性的批判和解构中,性别传播研究再次确认了女权主义认识论对于自身研究的重要意义。

从传统的认识论出发,无论是社会性别研究、女权主义研究,还是性别传播研究,与其他强调主观经验研究价值的学科及研究领域一样,都被一种固化的、单一视角的评价标准判定为缺乏"科学客观性",

因而一直无法摆脱边缘的研究地位。

唐娜·哈拉维提出了“情境化的知识”这一概念范畴，主张用多元主体、局部视角来认知事物。她批判了传统认知体系中的一元论话语霸权和二元论的阐释框架，提倡用一种发展变化的、广泛联系的认识论来评价社会性别研究、女权主义研究以及性别传播研究等研究领域的“客观性”及其价值。

帕梅拉·格里顿从挑战传统传播学价值观的视角将改变女性传媒工作者的处境与批判传播机制中存在的性别隔离和性别压迫联系起来。她通过将“性别转换器”置入传播语境的做法强调由性别差异所带来的评价标准的等级化是造成传播生态中性别歧视的核心根源。

认可女权主义认识论对于社会科学研究价值的重新评判、强调从女权主义认识论出发开展性别传播研究是性别传播研究“专业化”的标志。

本章小结

将20世纪70年代作为性别传播研究历史的开端，一方面因为“社会性别”概念于这一时期发展出了关注两性社会关系和权力关系的理论内涵，以及强调“社会性别”代表一种“性/社会性别机制”和理论分析范畴的意义，而不再仅将“性别”作为与“种族”和“阶层”同类的一个人口学分类指标；另一方面因为第二次女权主义浪潮的兴起引发了女权主义学者对传媒呈现的性别内容的关注和对如何加强性别议题进入媒介议程设置以及社会公共空间的思考。媒介呈现的女性形象气质与女性现实生活感受的差异研究成为一种有社会影响力的研究范畴。

从贝蒂·弗里丹撰写的文章无处发表到社会性别及女权主义研究被“收编”为传播学的一个“索引”、一种“研究视角”,可以清晰地看到性别传播研究在学术界一直处于边缘位置,始终遭到传统认识论对其研究“科学性”和研究价值的质疑。

性别传播研究自身学术定位和研究价值的确立依托于女权主义认识论及其不同于传统评价标准的价值体系。在20世纪70年代,一类性别传播研究逐渐被定位为传播学研究的一个分支(通常所称的“性别与传播研究”),另外一类性别传播研究因坚持女权主义立场和研究框架而逐渐发展为具有一定独立性的“女权主义传播研究”(通常所称的“性别传播研究”)。自此,性别传播研究实现了体系化发展。

在20世纪80年代,性别传播研究开始了对自身研究价值、学术定位的论证以及“专业化”的实践。通过批判传统社会科学观念中的性别偏见和认识论的局限,性别传播研究最终确立了以女权主义认识论为基础、注重情境化和广泛联系的知识视角、认同主观经验的认知价值、在社会性别的研究框架中对传播学进行理论增值等“专业化”的研究特征。

第三章
20 世纪 90 年代以来的美国性别传播研究

20 世纪 90 年代以来,性别传播研究对于自身独特的研究取向、研究方法、研究特色日益自明与专注,这体现为更加强调女权主义认识论与方法论在性别传播研究中的主体作用,更注重尝试多样化的研究议题与问题意识为性别传播研究带来的理论启发和拓展。

本章主要梳理了专业化发展的美国性别传播研究在理论层面的探索与成就,包括美国性别传播研究对传统社会科学哲学观点和方法论的批判,以及性别传播研究已经发展出的两大女权主义传播理论的内涵与特色。

第一节 性别传播研究对传统哲学观和方法论的批判与发展

从 20 世纪 90 年代起,性别传播研究逐渐摆脱将“社会性别研究”与“传播学”或者“媒介研究”进行“添加式”研究的思路,即不再刻意强调将社会性别视角融入传播学或媒介研究的主体,与之相反的是从社会性别研究的立场出发,对媒介与传播生态展开女权主义方法论的批判性研究。这种研究角度的转换彻底改变了将性别传播研究作为传播学或媒介研究的分支研究的学术定位,标志着性别传播研究对自身独特研究范式的确认。

这场“理论突围”源于性别传播研究对既有的研究局限性的总结。进入第三次女权主义浪潮以后,性别传播研究自觉于自身所处的尴尬境地——女权主义学术尽管进入了高等教育系统并获得了联合国教科文组织等国际组织的政策推动与话语支持,但是其边缘身份始终无法改变。在研究层面上,不同女权主义流派提出的丰富而深刻的社会性别议题始终无法在传播学研究或者媒介呈现中充分展开;对媒介文本中的性别角色的刻板化批判被有意无意地塑造为性别传播研究的主流,它符合“政治正确”的要求,而且成为性别传播研究的“规定套路”,但是,媒介制播与传播生态中的性别歧视与偏见并不会因此得到根本性的改善或根除,这种理论对实践干预的失效,使女权主义学术批判一度处于“悬空”状态。

出现这样的局面,归根究底在于传播学和媒介研究的认识论与方法论跟社会性别研究以及女权主义学术截然不同。因此,传播学和媒介研究始终将社会性别作为一种特殊的研究视角加入自身研究体系,对于社会性别研究所提出的结构性反思以及体制批判,则未加理会,甚至有意淡化。

从传播学研究和媒介研究的立场来看,全盘采纳社会性别的批判框架无异于“自毁长城”:现有的媒介与传播生态中的政治性、商业化和意识形态控制之间的联结将被打破,通过操纵媒介而获得政治利益和商业利益的渠道也被截断。基于这些因素,传播学和媒介研究对于社会性别理论与女权主义立场的吸纳始终维持在一定的“安全限度”,性别传播研究的批判性也相应地被限定在“改良性建议”的学术对话层面。

要根本性地改变性别传播研究日渐僵化与失效的研究状态,必须从知识体系自身出发,以社会性别研究和女权主义学术为主体,重新思考“性别”与“传播”的内在关系。

综上,20 世纪 90 年代以来出现的对跨学科研究传统哲学观和研究方法论的批判与重建,推动了性别传播研究的理论化发展。

一、在女权主义的阐释框架下系统地批判传播学研究的哲学基础

第三次女权主义浪潮影响了美国性别传播研究的理论取向,使其除了继续对现实问题进行干预之外,更强调自身理论化、系统化的研究体系的论证。坚持以社会性别研究和女权主义学术为主体的性别传播研究,也被称为“女权主义传播研究”。

1992 年发表的《传播研究中五个女权主义研究框架》①被视为从女权主义的阐释框架系统地审视与批判传播学哲学基础的专门研究。这篇文章将五个女权主义流派的主要思想与指导传统传播学发展的五个二元论话语范畴联系起来,批判了西方思想体系中存在的性别盲点与性别歧视的哲学根源。它具体包括:

用自由女权主义的观点反对“理智与情感”二元论:在基于相同“公民”定义的前提下,女性和男性一样是平等的公民,应该获得同等的公民权利,不应认定女性是情感性的、缺乏理性的而剥夺其政治

---

① CIRKSENA K, CUKLANZ L. Male is to Female As is to: A Guided Tour of Five Feminist Frameworks for Communication Studies[M]//RAKOW L F. Women Making Meaning, New Feminist Directions in Communication. New York: Routledge, 1992: 18-44.

权利与受教育权利。自由女权主义推动了公共广播中的女性演讲研究、男女两性沟通特征的差异研究以及大众媒介内容中对男女两性呈现的特征差异研究等。

用社会女权主义的观点反对“公共与私人”二元论：第一，公共和私人的区分为资本家提供了源源不断的剩余劳动力，特别是女性为国家提供免费的生育功能以及创造家务劳动的无偿价值。第二，女性的劳动力价值没有受到尊重与平等对待。在战争等特殊时期，女性被允许进入劳动力市场，但是在一般情况下，女性被限制在家庭领域，生育性生产以及照顾家人的劳动均不被纳入付酬性的市场经济体系。第三，通过将女性留在家庭这一私人领域，在无形中将女性角色限定为“消费者”，从而为资本主义文化建构女性消费的偏好提供了“合理性”。

用激进女权主义的观点反对“自然与文化”二元论：父权制观念认为，男性是文化的代表，女性是自然的代表，而自然意味着“未开化”。激进女权主义认为，男性对待自然与对待女性的方式有着相似的特性，那就是暴力、物化。因此，激进女权主义致力于揭露传播中对女性色情化的呈现，并对媒介呈现的对女性暴力的内容大加鞭挞。

用精神分析女权主义的观点反对“主体与客体”二元论：传统精神分析理论认为，婴儿在成长过程中会将自己视为主体，将他人视为客体；男孩成长为男人，需要习得父亲的性格气质，这样才能取悦母亲并获得像母亲一样的女人为妻子；女孩成长为女人，需要习得母亲的性格气质以取悦像父亲一样的男人。精神分析女权主义认为，女性不是必然的客体，同时女性经验不是以男性的审美指标为参照的，它应该有其自身的价值。在传播学研究中，女权主义电影研究大量运用精神分析女权主义的观点。例如，劳拉·穆尔维（Laura Mulvey）的“男性凝视”理论，伯格（Berger）揭示并批判的“男性＝主体；女性＝客体”的电影叙事原则等。

用文化女权主义的观点反对“精神与身体”二元论:在西方哲学传统中,精神一直凌驾于身体之上,因为精神象征着理性,而身体象征着欲望。特别是女性的生育能力被西方传统哲学视为与动物无异,因此,女性被排除在理性与精神的领域之外。文化女权主义倡导了“身体理论化”运动,特别是针对女性的身体提出女性的身体也有其文化内涵和精神指向,女性的身体往往与痛苦的经验——如生育、强奸、遭受伤害等相联系。另外,女性的身体不应该成为男性审美的客体对象,而应该有其自身的主体审美偏好。在传播学研究中,文化女权主义关注各种由身体(特别是女性身体)构成的符号、商品、文化的解读。

《传播研究中五个女权主义研究框架》这篇文章的主旨是,“我们有理由相信女权主义理论比其他衍生出的认知观点更具有批判性,女权主义理论框架归类主要是根据西方的认知范畴。通过介绍西方思想中五个基本的二元论(理智与情感、公共与私人、自然与文化、主体与客体、精神与身体),论述五个对应的女权主义流派(自由女权主义、社会女权主义、激进女权主义、精神分析女权主义、文化女权主义)对其的批判。这种批判的结果阐明了广泛接受西方文化中的二元论思想之后给女性地位和角色带来的影响。讨论每一种批评理论及其所支持的主要观点,并研究这些批评理论是否或如何普遍地与在思想发展的历史背景下形成的女权主义思想中心目标和项目相结合”①。因为这些二元论假说充斥在传播学研究的传统范式之中,女权主义批评需要在传播学中发展构建认知和实践的替代模式,这是性别传播研究

① RAKOW L F. Women Making Meaning:New Feminist Directions in Communication[M]. New York:Routledge,1992:18-44.

获得进一步发展的核心。

在第三次女权主义浪潮崛起后，女权主义者逐渐认识到，她们长期运用的社会学的理论框架越来越难以与女权主义新的理论视角相协调。因为前者建立在普遍性、同一性和“科学”方法论的基础上，而后者建立在身份认同、差异性、特殊性和具体性等概念范畴之上。[①] 在这样的背景下，女权主义学术必须针对二元论的哲学观展开全面的批判。首先，二元论将世界一分为二，而不是多元划分；其次，二元论的结构意味着必须有一个“他者”与“主体”形成对立之势，以此来界定参考点、概念或视角的“主次”。由此，第三次女权主义浪潮明确了女权主义理论视角新的哲学观，即从“女性的”观点出发，承认“女性”视角的多样性和差异性，打破“主体”与“他者”的等级关系。

女权主义理论的研究框架对于传播学研究而言更具有政治性、批判性，而且往往直指传播机制、制度、体系等宏观的、决定性的要素。虽然针对不同的研究内容，女权主义研究均可以将之上升至对父权制的批判，但是也正如唐娜·哈拉维所说，女权主义研究框架提供了“情境化的知识”，即任何知识都是在特定的历史情境下，在特定的政治、文化、语言载体中形成的，而且与“权力领域”相互关联。女权主义的传播研究，就是要剖解性别与媒介、性别与传播在不同情境下的知识言说方式和知识体系的局限性。

社会性别的理论视角最具批判性的地方在于对男女两性社会关系与权力关系的审视。《传播研究中五个女权主义研究框架》这篇文章将二元论视为造成“由差异而带来的等级划分”“认可等级划分之后便将男高女低自然化合理化”现象的一个哲学源头。不断发展、充实的女权主义学术通过不同的社会性别议题，切入了二元论思维模式

---

① 阿内尔．政治学与女性主义［M］．郭夏娟，译．上海：东方出版社，2005：227-228.

与现有社会关系和权力关系等级化、压迫性之间的内在结构,有力地消解了压迫性、歧视性的哲学传统。

《传播研究中五个女权主义研究框架》收录在论文集《女性制造意义:传播研究中的女权主义新取向》①之中,这本论文集的编者是莱娜·F. 瑞蔻(Lana F. Rakow),她于1974年取得新闻与人类学的双学士学位,1977年取得美国文学研究的硕士学位,1987年取得文化研究博士学位。她既是美国第二次女权主义浪潮的参与者,也是美国女权运动遭遇回潮以及再度崛起的见证者。在整个20世纪80年代,她都从事着广告、公共关系、女性与媒体的教学及科研工作。从1994年起,她便致力于传播与女性研究(Communication and Women Studies)的教学和科研工作。

从莱娜·F. 瑞蔻的学术经历和她所处的时代背景来看,她是美国学术界既深入了解传播学研究,又对女性研究和社会性别研究有较高造诣的学者。正因如此,她对性别与传播交叉研究发展趋势的感受格外敏锐。

瑞蔻在其主编的《女性制造意义:传播研究中的女权主义新取向》中,提出了社会性别研究及女权主义学术在性别传播研究中应该如何定位的问题。她还提出了一个非常有价值的理论假说,即性别传播研究可以不局限在传播学既有研究框架,已经具备了以社会性别研究为研究框架的方法论基础。

这一研究假说通过荷兰阿姆斯特丹大学媒体与流行文化研究的教授莱斯波特·凡·祖伦(Liesbet van Zoonen)于1994年首次出版的著作《女权主义媒介研究》②得到了更进一步的验证。祖伦在这本书

① RAKOW L F. Women Making Meaning: New Feminist Direction in Communication[M]. New York: Routledge, 1992.

② RAKOW L F. Feminist Media Studies[M]. London: Sage Publications, 1994.

中将女权主义和文化研究相互结合，形成了阐释传播过程与媒介制播机制的双重视野和研究框架；她从社会性别研究方法论出发，运用霍尔的编码/解码模式揭示出媒介文本中社会性别话语的编码方式及其政治性文化内涵，呈现了在大众文化与流行文化建构社会性别的过程中，媒体所扮演的角色及其产生的影响。

二、学科融合背景下性别传播研究在方法论上的突破

2004 年，莱娜 · F. 瑞蔻（Lana F. Rakow）与美国俄勒冈州立大学语言传播系的助理教授劳拉 · A. 瓦克维斯（Laura A. Wackwitz）合编了《女权主义传播理论》[①]一书，将源自女权主义理论的三个核心概念——差异（difference）、声音（voice）和再现（representation）作为支撑女权主义传播理论的基础框架，并且打破了学科的边界，将不同学科中以社会性别与传播研究为主要内容的研究有机地组织起来。

在该书前言中，两位编者阐明了该书的编辑思路与目标——该书也许做不到对传播研究中女权主义理论应用情况或与性别传播交叉研究的发展趋势进行面面俱到式的提炼和归纳，但是做到了尽量地搜集和挑选当时学界就社会性别与传播学的交叉研究所出现的各种观点、视角、研究个案，并从中凸显女权主义理论对不同学术范畴与传播相关内容进行分析及阐释的研究价值和方法论上的可能性，敦促各个学科中进行传播研究的学者将女权主义理论与不同学科范畴内既有的理论框架进行对话，甚至融合，突破将性别传播研究设定在有限的、僵化的话语范畴的认识论与方法论中。

进入 21 世纪以来，学术界最重要、最普遍的共识就是打破已有的

---

① RAKOW L F, WACKWITZ L A. Feminist Communication Theory: Selections in Contest[M]. Thousand Oaks: Sage, 2004.

学科研究程式和不同学科间的壁垒。两位编者认为,包括传播学在内的很多学科都低估了社会性别以及女权主义理论的方法论价值。事实上,对于传播学而言,社会性别研究不仅是关于男性与女性传播差异的研究,更是一种深刻影响传播生态的性别构成方式以及在传播过程中体现性别呈现机制、性别关系与权力结构的核心分析范畴。因此,凡是坚持学科“壁垒”或研究价值“等级化”区分的研究无不受到二元论哲学思想影响和父权制话语体系的控制。社会性别研究以及女权主义理论,除了追求现实层面的性别平等之外,也对打破学术传统中的霸权话语模式不遗余力。

在美国高校的教学体系与学术研究传统中,语言传播(speech communication)和媒体传播(media communication)的研究边界历来泾渭分明,各有其特定的研究范式与研究方法,但是在性别传播研究学者的认知观念中,这两个研究范畴之间的界限也并不是不可逾越的。在性别传播研究中,语言/修辞和媒体,分别代表了不同的研究层面,但都可以成为呈现性别机制发生作用的话语范畴。语言传播与媒体传播可以运用女权主义理论加以结合。

比如,传统的语言传播研究遵循着以男性为标准的话语模式,即逻辑的、理性的、线性的话语方式受到推崇;在媒体传播中,男性作为权威发言者的比例远远高于女性,即发散性的、感性的、网状的言语方式受到打压。这两种现象之间实际上存在着彼此的关联,也就是说,在分析压迫性的社会性别机制对传播的影响时,语言传播与媒体传播是可以互为观照的。

这种研究思路标志着性别传播研究进入一种新的研究阶段,这种研究被称为“Transversity”,即性别传播研究的“横向政治”与“累积政治”的结合体。

所谓“横向政治”，就是打破不同学科与研究规范的壁垒和界限，将女权主义理论渗透到所有知识体系，并在跨学科研究中发挥主体作用。所谓“累积政治”，是就研究议题而言，在不同的学科和研究范畴中加入不同历史阶段、不同女权主义流派提出的社会性别议题，对既有的学科体系和研究范式产生新的问题意识，获得新的研究发现。

这里所使用的“政治”（Politics）这个概念与凯特·米利特（Kate Millett）在《性政治》（*Sexual Politics*）中所用的“政治”一脉相承，强调“社会性别”是西方社会中一种基本的政治形式：“不管人们对此表现出何等程度的沉默，性别统治或许将会成为我们文化中最普遍的意识形态，并提供最基本的权力概念。”①

从 1992 年出版的《女性制造意义：传播研究中的女权主义新取向》到 2004 年出版的《女权主义传播理论》，莱娜·F. 瑞蔻作为这两本书的主编，呈现出从事性别传播研究的学者们对这一研究领域自身理论建设的自觉精神，同时，表明了在近 20 年学科融合的背景下，性别传播研究在方法论上出现的突破：

首先也是最重要的突破是，社会性别研究以及女权主义学术主动深入各种以传统的二元论为哲学基础的学科中，成为联结看起来相互排斥的认识论与学术领域的纽带，并将女权主义学术置于各种横向联结关系的“政治中心”。

其次，对二元论哲学观进行彻底解构，重申女权主义认识论与方法论在跨学科研究中的重要性，使不断累积的社会性别议题以及女权主义学术从媒介议程设置和广泛社会科学研究关注的“边缘”走向“中心”。

---

① MILLET K. Sexual Politics[M]. Urbana: University of Illinois Press, 2000: 25.

三、本节小结

将性别传播研究的历史粗略地划分为"20世纪七八十年代"和"90年代以后"这两个阶段,根本原因在于性别传播研究自身理论体系的发展在20世纪90年代以后才逐渐成熟。特别是莱娜·F.瑞蔻所主编的两本书,目标明确地提出女权主义认识论和方法论的主体角色问题,系统而深入地批判了传统社会科学研究的哲学基础及认识论。另外,两本论文集的出版反映了当时对性别传播研究的理论发展和范式研究感兴趣并有所推动的学者已经具有了一定的规模,在某种意义上,推动性别传播研究在认识论和方法论上的发展已经成为20世纪90年代以后一个较为普遍和核心的研究面向。

在方法论的维度上,性别传播研究提出一个创造性的概念范畴——"Transversity",这为包括性别传播在内的所有跨学科研究提供了一个打破研究程式与壁垒的策略。这种策略的核心是"去中心化"和"反二元论",主张用广泛联系、发展变化的视角重新审视研究对象。

第二节　性别传播研究中两个相对成熟的女权主义传播理论

如果说第一次女权主义浪潮的核心诉求是争取政治权利/权力平

等(女性的投票权);第二次女权主义浪潮的核心诉求是争取经济权利/权力平等(打破工作和社会领域的性别隔离),那么第三次女权主义浪潮的核心诉求就是争取传播权利/权力的平等。

厄瓜多尔律师罗摩·胡拉多(Romel Jurado)将“传播权利/权力平等”细化为五个方面:第一,观点自由;第二,表达自由;第三,将自己的观点传播出去的自由;第四,信息交流自由;第五,接近和利用信息、媒体和传播技术的权利。①

针对传播权利/权力平等与社会性别的关系,性别传播研究的学者们最初关注以下几个方面的研究议题:女性从业者在媒体行业的比例;女性网民的数量及女性网民的人口学分析(如年龄层、学历背景、职业特征、收入状况、婚姻状况等);女性使用信息传播新技术的目的、习惯及频率与偏好等。也就是说,如果把信息传播技术以及网络媒体视为一个新的社交场域,那么性别传播研究的学者们试图勾勒出在这个场域中的性别结构,信息与通信技术(下文简称为ICT)和网络媒体能够为女性赋权带来的具体优势,以及在这些技术红利背后隐藏着哪些根深蒂固的压迫性结构与机制。

这一类研究证实了性别隔离与性别压迫同样存在于信息传播新技术和网络媒体领域。女性作为信息及媒介内容的制作者、使用者和消费者处于被剥削、被隔离、被利用的弱势地位。

对于性别传播研究而言,这样的研究过程引发了女权主义与传播学批判理论的进一步融合。最终,将社会性别与传播学政治经济学研究视角相结合所形成的“女权主义传播政治经济学”,以及将社会性别与传播批判理论相结合所形成的“女权主义传播批判理论”,构成了性

① BURCH S. The Right to Communicate: New Challenges for the Women's Movement[EB/OL]. [2011-10-15]. http://www.isiswomen.org/index.php? option=com_content&task=view&id=688&Itemid=200.

别传播研究中女权主义传播理论的两大主体。

一、女权主义传播政治经济学

米奇·李(Micky Lee)是美国萨福克大学新闻与传播系(Department of Communication and Journalism, Suffolk university)的助理教授，多年来致力于国际传播、ICT与女权主义政治经济学研究，主讲“妇女、社会性别与ICT的特殊议题”“女权主义理论与传播学”等研究生课程。她于2006年发表的文章《在新的信息和传播技术面前，女权主义研究缺失/丢失了什么？》①中指出，很多性别传播的研究文章都在追问“女性与信息技术如何发生相互作用”？而不是追问“为什么技术在研究框架中变得非常重要”“为什么女性要与信息技术发生相互关系”？

她从女权主义政治经济学的视角出发，论证了在信息作为一种社会资源的时代，信息技术需要服务于特殊的权力阶层，并出于特殊的目的而设计、制造与传播，信息与传播技术绝对不是“自然而然的”，它是全球政治经济和文化发展的一个组成部分。远程传播技术帮助大公司和发达国家实现意识形态的全球扩张和本土化。基于这样的背景，女权主义研究者必须审慎地评判信息技术与市场经济对ICT和性别研究的影响。

通过对1990—2005年19本期刊中78篇论文和6本编著的内容

① LEE M. What's Missing In Feminist Research In New Information And Communication Technologies? [J]. Feminist Media Studies, 2006.

分析①,米奇·李发现,相关的研究集中在六大研究范畴,分别是:①有关女性与信息传播新技术以及网络的关系研究的一般理论;②女性作为使用终端以及信息消费者的处境;③女性使用新传播技术以达到社会实践的状况;④信息社会中女工与女性职业工作者的角色和地位;⑤社会性别与教育对于 ICT 和女性关系的影响;⑥使用新技术的南半球的女性发展。

概括而言,这些研究文献得出了以下结论:

第一,新信息技术的制造与使用一般以男性使用者为参照和潜在用户群。

第二,在信息时代,能否使用 ICT 及网络技术成为衡量一个人的能力与价值的标准。女性必须学会并使用新技术,否则将被视为“落后”或“无能”。这一结论与传统性别歧视和性别偏见形成彼此印证,强化了公众对女性整体的偏见。

第三,女性在使用新技术实践其社会目标时,往往会遇到障碍,如欠缺人力资源或财政资源的支持。新技术往往强化了权力等级关系。

第四,女性在高科技产业中往往承担着低级、无聊的工种。即使是女性专家,其地位也比负责同等工作的男性专家更低一等。

第五,学生学习新媒体技术时,往往会被传递一些男权色彩的信

① 19 本期刊为 *Information*,*Communication and Society*、*New Media and Society*、*Convergence*、*Journal of Communication*、*Critical Studies in Media Communication*、*Development*、*European Journal of Women's Studies*、*Media*,*Culture and Society*、*Sex Roles*、*Gender and Development*,*Singapore Journal of Tropical Geography*、*The Information Society*、*Internet Research Electronic Networking Applications and Policy*、*Feminist Studies*、*NORA*:*Nordic Journal of Women's Studies*、*Bulletin of Science*、*Technology and Society*,*Gazette*:*The International Journal of Women's Studies*、*Journal of International Development*、*the Journal of International Communication*. 编著者为:James Brook and Lain Boal(1995),Susan Star(1995),Jennifer Terry and Melodie Calvert(1997),Judy Malloy(2003),Charles Ess and Fay Sudweeks(2001),Barbara Saunders and Marie-Claire Foblets(2002).

息,而且有些信息技术似乎就是为白种男性而专设的。

第六,第三世界的女权主义者认为,技术话语是资本主义的、殖民的和以西方为中心的。另有一些女权主义者认为,技术赋予了第三世界女性“发出自己声音”的机会,在某种意义上,技术也具有正面和积极的作用,一些女性利用网络技术积极践行着与其现实生活中不同的地位、更多样化的角色和形象。所以,技术和其他工具一样,于性别状况的长远发展而言是一把“双刃剑”。

米奇·李指出,在社会性别与ICT的研究中,有三个具有偏差的研究取向需要引起人们的重视:

首先,注重消费研究,而忽略了信息与传播资源在意识形态控制以及经济控制中的决定性作用,以及其对女性生活和整体社会性别结构的影响。单方面欢呼技术和消费给女性发展带来的红利会遮蔽和扩大对女性的压迫。

其次,将女性在信息资源使用中的不利处境归咎于女性自身的缺陷或不足和将女性建构为“天生有问题”或“较不易”(having problems and difficulties)掌握信息传播技术者的研究取向,没有摆脱以男性为参照主体来设定使用信息与新技术的能力指标和判断标准。男性与女性并不是平等地进入信息使用领域的,在信息制作、传播各个环节中依然嵌套了性别不平等的结构,使男女不平等的话语可以继续复制到信息传播领域,因而加强信息传播资源中性别平等话语的建设至关重要。

最后,对信息社会与全球经济的关系缺乏关注和“情境化的知识”视野。由于全球不平等植根于殖民、霸权和国际贸易的历史,这样的历史势必会影响女性的生活和地位。因此,女权主义者需要反抗全球的社会经济系统,用更多样化和更敏感的方式来认识女性生活。全球女权主义者认为，女性的屈从地位与种族、民族、性取向、宗教信仰、阶级、社会等级及其他社会分类指标有紧密关系。因此，有必要加强信息社会语境与全球女权主义理论视野的联结，并且基于"情境化知识"的研究视野有助于将"新技术""信息社会"等概念在西方社会和研究立场中"去中心化"。

米奇·李的研究兼具了全球女权主义(global feminism)的研究视野。她倡导女权主义政治经济学视角下的ICT与社会性别研究，并注重对发展中国家与新技术之间关联的政策性研究，特别是在女性就业、女性的知情权、女性的媒介呈现、适于女性自身发展的媒体及信息技术等方面的政策研究。她强调了信息和传播技术是全球经济重要的"产业"之一，不能忽视在信息的制造、分配、传播与贡献中，女性所扮演的角色及其所发挥的显性及隐性作用的研究。

在传统的政治经济学的研究框架之内，往往缺乏与社会性别研究的理论结合，因而存在着忽视性别差异及性别等级对传播政治经济学理论视角的影响。从女权主义研究框架发展起来的女权主义政治经济学弥补了传统政治经济学理论视角中的性别盲点。在女权主义政治经济学的理论框架之内，媒介作为一种呈现的文本，集中反映、再现、强化了有关社会性别意识形态的机制。在此基础上，媒介中的性别政治、流行文化、新技术、后现代主义思想、将男性与男权意识合流的倾向、不同种族及社会背景的女性所遭受的压迫等，都是以ICT和网络媒体等为主要研究内容的性别传播研究的主要议题。

总之，越是在媒介与传播生态无法根本性地摆脱占主导地位的政治观念及市场经济的影响的时代，越需要强化政治经济学视角在性别与传播权利/权力研究中的重要意义。作为女权主义学术对传播学所做出的理论增值的重要成果之一，女权主义传播政治经济学已经发展为性别传播研究最重要、相对比较成熟的女权主义传播理论。

二、女权主义传播批判理论

批判理论(Critical Theory)是利用社会科学以及人类学的知识,对社会以及文化进行检验与批判的理论潮流。一般而言,在西方学术界,“批判理论”这一术语实际上对应着两个截然不同的研究范畴:一个是在社会学背景下,由马克思主义理论发展而来的批判视野;另一个特指“文学批评理论”,是批判理论进入文学研究领域而产生的一种特定的批判研究范畴。目前,“批判理论”是由20世纪30年代以后发展的马克思主义理论和非马克思主义研究传统——如弗里德里希·尼采(Friedrich Nietzsche)①、西格蒙德·弗洛伊德(Sigmund Freud)等人的研究——合流之后,产生的一种现代批判理论流派。②

对社会学背景下的批判理论进行重要发展的是法兰克福学派的主要成员,包括赫伯特·马尔库塞(Herbert Marcuse)、西奥多·阿多诺(Theodor Wiesengrund Adorno)、马克斯·霍克海默(Max Horkheimer)、瓦特·本雅明(Walter Benjamin)以及尤尔根·哈贝马斯(Jürgen Habermas)。在德国唯心主义和美国实用主义的传统面前,批判理论成为修正的马克思主义研究在其他学科和研究领域中产生话语增值的理论工具。③ 正如马丁·杰(Martin Jay)所评论的,“第一代采用批判理论的学者们的成就,与其说发展了什么特殊的哲学议题或意识形

---

① 尼采揭示了启蒙与统治之间的矛盾关系:启蒙就是欺骗;启蒙就是愚弄大众。为政权操纵者服务,人的柔弱和温顺是“进步”的目标。霍克海默和阿多诺从荷马史诗中也例证了这个主体:主体理性成为现实就是以自我否定和克制为代价的。见孙玉良.尼采对《启蒙辩证法》的影响[J].社会科学研究,2007(6):116-120.

② OUTHWAITE P W. Habermas:A Critical Introduction[M]. Cambridge:Polity Press,2009:5.

③ OUTHWAITE P W. Habermas:A Critical Introduction[M]. Cambridge:Polity Press,2009:5-9.

态，不如说将批判理论引入其他研究系统中，并成为那些自成体系的研究体系中的'牛虻'"[①]。例如，批判理论进入社会学，形成了社会批判理论（critical social theory），进入文学研究领域，形成了文学批评理论（critical literary theory），进入传播学研究领域，则形成了传播批判理论（critical communication theory）。从20世纪60年代开始，各个学科领域新兴的批判性理论，如解构主义理论和女权主义理论等，都被归为批判理论的范畴。

"广义的批判理论并不是哪家哪派哪一个人的理论，如果再泛化一点，批判理论也应该是没有国界的，葛兰西的文化霸权理论、法国学者福柯的话语权力理论、英国学者霍尔等人的文化研究等，均应属于批判理论的范畴。但是，狭义的批判理论却与法兰克福学派息息相关。"[②]法兰克福学派的创始人之一马克斯·霍克海默首次提出社会学背景下的批判理论的内涵。

马克斯·霍克海默于1922年在法兰克福大学获得了哲学博士学位，1930年任法兰克福大学社会研究所第二任所长，创办了《社会研究》杂志，广泛吸引了一批拥有经济学、哲学、心理学和历史学背景的研究专家，致力于对现代资本主义社会进行多学科的综合研究。1933年希特勒执政后，他把社会研究所先后迁到日内瓦、巴黎和美国，并在哥伦比亚大学和加利福尼亚大学工作。1937年，他在其论文《传统理论和批判理论》（*Traditional and Critical Theory*）中提出了"与传统理论注重理解和阐释不同，批判理论更注重将批判与社会变革作为一个整体来看待"。他和他的同事发现正统的马克思主义和共产主义的理论中隐藏着实证主义和霸权

---

① JAY M. The Dialectical Imagination: A History of the Frankfurt School and the Institute of Social Research[M]. Berkeley: University of California Press, 1996: 41.

② 杨华. 传播批判理论研究三题[J]. 新闻界, 2007(5): 56-57.

主义，所以，他倾向于将批判理论视为一种解放了的、激进的、发展了的马克思主义理论，并对工具理性[①]和科学技术意识形态[②]的哲学基础提出了疑问与反思。

批判理论之“批判”（critical）内涵源自18世纪康德的《纯粹理性批判》（*Critique of Pure Reason*）和19世纪马克思对资本进行的“政治经济学批判”（critique of political economy）。批判理论中最有力的传播学理论就是对大众文化生产的“标准化”“商品化”和“伪个性化”的批判。1947年，霍克海默和阿多诺合著了《启蒙辩证法》（*Dialectic of Enlightenment*），提出了“文化工业”的概念。阿多诺指出：“文化工业将陈旧熟悉的东西熔铸为一种新的特质，它的所有分支当中，产品都是为大众消费所设计，都在很大程度上决定着此种消费的性质，故此，多多少少都是有计划制造的。各个分支在结构上如出一辙，或者至少是彼此契合无间，井井有条被纳入一个几乎是天衣无缝的系统。当代的技术能力以及经济和管理的集中程度，使这一切成为可能。文化工业自上而下，有意识地将它的消费者整合成一个模式。”[③]也就是说，文化工业的生产中包含的操纵，虽然主要目的在于获利的可消费性而

---

① 批判理论从马克思·韦伯的合理性理论那里借用了不少概念。仿效韦伯，霍克海默和阿多诺把纯形式的、纯客观的、与价值无涉的、把人类行动引向无理性之目的的理智能力叫作工具理性（也叫形式理性）；把本质上是目的论，在自身中规定了某些要在人类生活和人类社会中实现的目的或价值的理智能力叫作价值理性（也叫实质理性）。参见傅永军．理性缺位的总体性批判：论哈贝马斯对《启蒙辩证法》的批评［J］．山东大学学报（哲学社会科学版），2006（6）：30-36.

② 霍克海默在《科学及其危机札记》中提出了科学是意识形态的观点：“不仅形而上学，而且还有它所批评的科学，皆为意识形态的东西；之所以说科学是意识形态，是因为它保留着一种阻碍它发现社会危机真正原因的形式。”（霍克海默，1989，第5页）马尔库塞也指出，“在特定的意义上，发达的工业文化较之它的前身是更为意识形态性的。因为今天的意识形态就包含在生产过程本身之中”。（马尔库塞，1989，第12页）见黄若尧．论法兰克福学派的大众传播批判理论［D］．北京：中国社会科学院，2001.

③ ADORNO T W. The Cultural Industry［M］. London：Routledge，1991：98. 亦见陆扬．文化工业批判的再批判［J］．社会科学，2011（2）：180-186.

非意识形态的效果,但是在特殊情况下却能够很容易地和预谋的政治操纵结合起来。①

这种将大众文化生产与消费结构以及意识形态操控模式联系的理论视野对于性别传播研究针对大众文化中的消费、政治与性别的关系,以及社会文化语境下媒介产品的“编码”与受众的“解码”之间的研究,具有重要的启发。

不过,不可否认的是,在霍克海默和阿多诺的概念阐释中,“文化工业”理论有一定的局限性。例如,过于强调技术对文化产生的负面效应,而忽略了技术为文化传播与创新带来的积极效果;另外,不同形式的文化生产之间存在着形形色色的差异性,并非都能简化和同一化到一个模式,文化工业理论对不同形式的文化生产缺乏更为细化的研究指向。

20 世纪 70 年代,法国传播学研究者将传播政治经济学的研究关注点从“文化工业”(cultural industry)转向了“文化产业”(cultural industries),重点关注两个议题,即传播机构的不同所有制形式对控制传播活动产生的不同后果是什么;国家管理和传播机构是一种什么性质的关系。② 批判的角度不再像原先那样过于强调宏大叙事的道德评判,而开始面对文化产业自身的逻辑关系和结构性质,注重考察技术创新、社会分化和趣味差异所形成的信息传播的离散趋势。文化产业的复杂结构和多样化的发展交织着个人生活与社会议程、公共服务与消费主义、全球化与本土化、技术统治与技术解放等诸多相互参照的

---

① 陈卫星. 从“文化工业”到“文化产业”:关于传播政治经济学的一种概念转型[J]. 国际新闻界,2009(8):6-10.

② 陈卫星. 从“文化工业”到“文化产业”:关于传播政治经济学的一种概念转型[J]. 国际新闻界,2009(8):6-10. 亦见戈尔丁,默多克. 文化、传播和政治经济学[M]//库兰. 大众媒介与社会. 北京:华夏出版社,2006:72.

力量,不但呈现出既协调又交叉的错综复杂的关系,也演化为经济全球化和信息资本主义的重要内容。[①]

在这样的话语背景下,传播的文化产业视角与女权主义理论所注重的"情境化的知识"不谋而合,并发展了传播批判理论研究的新维度,即权力、媒介、性别和技术相互交织的阐释框架。这一理论洞见集大成地展现在苏·卡利·詹森(Sue Curry Jansen)于2002年出版的研究著作——《传播批判理论:权力、媒介、社会性别和科技》(*Critical Communication Theory:Power,Media,Gender and Technology*)中。

此处"Critical Communication Theory",笔者译为"传播批判理论",不同于该书中文译本所译的"批判的传播理论"。[②] 其根本原因正如张锦华所说,"传播批判理论"的译法原因在于"一是批判理论(critical theories)在学界已成为共同认知的理论体系,二是'传播'批判理论是指在传播领域中开展批判理论的观点,也是指对'传播'现象(包括现有的理论及研究)加以批判反省的研究"[③]。

苏·卡利·詹森是美国穆伦堡学院(Muhlenberg College)研究媒体与传播、媒体与民主理论的教授,也是批判理论研究专家、女权主义者以及媒体审查专家(censorship expert)。她对于与"表达自由权"相关的议题非常感兴趣,包括考察知识、社会背景、分配机制所体现出的权力关系的研究,并致力于推动民主交往以及公民参与政治决策的相关行动。

针对传播学的批判研究,她提出了两个核心问题:第一,我们

---

① 陈卫星.从"文化工业"到"文化产业":关于传播政治经济学的一种概念转型[J].国际新闻界,2009(8):6-10.

② 中译本见詹森.批判的传播理论:权力、媒介、社会性别和科技[M].曹晋,译.上海:复旦大学出版社,2007.

③ 张锦华.传播批判理论[M].台北:台湾黎明文化事业股份有限公司,1994:3.

知道什么(What do we know?);第二,我们如何得知(How do we know it?)。这两个问题并不是当代研究所独有的问题,但是在当代社会却有对这两个问题的独特解答。詹森认为,全球化、科学、政治、社会性别、社会不平等以及其他与日常生活息息相关的社会形态的议题能够为传播学研究提供一种独具一格的研究过程与研究发现。

"传播学作为一门学科,毫无疑问,是一种'情境化的知识'(situated knowledges),经过了政治、经济与意识形态的权力规训,传播学自然也不能脱离西方中心主义的制约。但女权主义的崛起,后结构主义、后现代主义、后殖民主义的思想浪潮的涌现,解构了权威的现代性,瓦解了标准化的西方科学的普遍性和客观性,使西方科学知识的局限性,尤其是其中居支配地位的男性霸权昭然若揭。詹森的研究修正了传统科学与历史的经验方法中忽略社会性别因素来观察世界的弊端,鉴别出了媒介理论和传播解放理论中的一些盲点,发现了'美国世纪'这一'权力—知识'结构与捍卫传播学研究合法性的社会情境中,盲目的欧洲中心主义和男性气质的一些根源。"①

《传播批判理论:权力、媒介、社会性别和科技》集中体现了詹森的学术思想。在这本书中,她着重分析了在美国所谓的"自由、民主"的政治体系中,媒介(包括媒介机构和媒体)为适应主流意识形态而形成的内部结构以及运作机制;分析了国际社会的传播资源及话语权力的分配状况;阐述了在国际新闻、大型体育赛事报道、人工智能、科学、信息、新的世界秩序以及其他特殊议题所涵盖的领域中,加入社会性别

① 詹森. 批判的传播理论:权力、媒介、社会性别和科技[M]. 曹晋,译. 上海:复旦大学出版社,2007.

视角的重要性。"把传播的角色与功能,置于全球化语境的整体社会制度和权力关系中加以考察,既是对传播批判理论[①]的精心建构,也是对科技专制社会的社会性别与媒介、权力之间关系的细致探索。"[②]

总之,詹森的研究开创了女权主义的传播批判理论的基础研究模式——注重"情境化知识"的分析,在对不同学科或研究领域进行交叉研究时遵循"transversity"的研究策略,坚持"改革性"的批判研究立场,拒绝在不同研究对象及其研究范式之间简单地拼贴,并将女权主义理论框架置于交叉研究的主体位置。女权主义的传播批判理论因此而成为性别传播研究在 20 世纪 90 年代以后另外一个重要的女权主义传播理论。

三、本节小结

从严格意义来说,性别传播研究在 20 世纪 90 年代以后发展出的两个相对成熟的女权主义传播理论基本上属于女权主义对传播批判学派的理论立场和研究取向的理论增值的结果。其主要原因在于,女权主义学术所基于的认识论与传播批判学派的理论所基于的认识论是一致的。因此,二者之间才具有真正结合的基础和可能性。

无论是女权主义传播政治经济学,还是女权主义传播批判理论,都体现了性别传播研究对具有压迫性的社会体制和传播机制的批判,对一种"革命性"而非"改良性"的研究立场的坚持。此外,这两个性别传播研究理论都强调了广泛联系、发展变化的研究视角。也就是说,并不存在固定的理论阐释的模式;针对不同的研究对象,针对社会

① 原文此处用的是"批判研究的传播理论"这个译法,本文采用了"传播批判理论"这个译法。

② 詹森. 批判的传播理论:权力、媒介、社会性别和科技[M]. 曹晋,译. 上海:复旦大学出版社,2007:2.

性别、传播学与不同的学科范畴或研究领域的交叉，这两个理论将会发展出不同的研究过程和研究重点。

本章小结

在 20 世纪 90 年代以后，ICT 迅猛发展，在社会性别理论框架下的 ICT 与新媒体研究成为性别传播研究重要的研究内容之一。不过，与社会性别理论框架下的大众传播、人际传播的研究结论相类似，女性的各种传播权利/权力同样具有弱势、边缘、不平等的特征。因此，研究内容虽然有所改变，但是研究的理论批判模式和研究的结论与 20 世纪 90 年代之前并没有本质的差别。

不过，与之前的研究相比，20 世纪 90 年代以后的性别传播研究更注重理论层面的梳理和发展，特别是注重对女权主义学术与传播学的批判学派理论的结合。通过对传播政治经济学和传播批判理论进行女权主义式的理论增值和发展，最终形成了女权主义传播政治经济学和女权主义传播批判理论。这两个相对成熟的性别传播理论集中体现了性别传播研究的哲学观与方法论，而且都展现了性别传播研究“去中心化”的研究立场——这两个理论并没有固化的研究模式和研究程式，而是针对不同的研究对象和研究过程，会形成不同的“情境化知识”和“Transversity”、多样化的研究策略。

第四章

性别传播研究在认识论层面的范式特征

通过梳理美国性别传播研究的历史可知,在性别与传播的跨学科研究中出现了很多既有联系又有差别的研究范畴,如"性别与传播研究""性别传播研究""女权主义媒介批评""女权主义传播研究"等。这些研究范畴涉及一系列相关的核心概念,包括"社会性别""传播学""媒介研究""女权主义"等,但是,在如何处理这些核心概念的主客关系以及如何将这些核心概念所代表的不同认识论和研究框架进行对接与融合,不同的研究范畴采取了不同的研究路径和研究范式。

所谓"范式",是指用以指导、观察和理解的模型或框架。它不仅形塑了我们所看到的事物,还影响着我们如何去理解这些事物。冲突范式指引我们以某种方式来看待社会行为,互动主义范式则引导我们以另一种方式来看待社会行为。①

一般而言,一个范式通常包含四个概念:伦理(价值论)、认识论、本体论和方法论。伦理所关心的是,我如何作为一个有道德的人而生活在这个世界上?认识论的问题是,我怎样来认识这个世界?研究者

① 巴比.社会研究方法[M].邱泽奇,译.北京:华夏出版社,2009:33.

和已知世界的关系是什么？实际上，每种认识论都暗含着一种针对世界及研究者自我的伦理道德姿态。本体论所提出的基本问题是关于现实的本质以及世界中的人类的本质。方法论关注的是获得关于世界的知识的最佳途径。[①]

本章以厘清性别传播研究在认识论层面的范式特征为主要目标，着重阐述性别与传播交叉研究的范式分类原则；论证研究范畴所基于的认识论和对研究范畴自身核心概念的主体关系的认同，以及该研究范畴所依托的范式类型；重点梳理"性别与传播研究"和"性别传播研究"在认识论层面的范式特征及其区别。

第一节　性别与传播交叉研究的范式分类原则

一、范式间的差异与坚持不同的认识论有关

如果对某一研究领域的研究范式加以准确定位，那么必须辩明该研究领域所基于的哲学立场、本体论、认识论和方法论的具体内涵。一般而言，社会科学研究领域的研究范式见表 4. 1。

① 邓津，林肯. 定性研究：方法论基础[M]. 风笑天，译. 重庆：重庆大学出版社，2007：169.

表 4.1　各种研究范式的基本理念①

议题	实证主义	后实证主义	批判理论等	建构论	参与
本体论	天真的实在论——“真实”的现实,但可以理解	批判实在论——“真实”的现实,但只能不完全地而且是概率性地理解	历史实在论——被社会的、政治的、文化的、经济的、伦理的和性别的价值所形塑的实质现实;随时间的发展而逐渐形成	实在论——被本土的、有针对性地建构的现实	参与的真实——主观—客观的真实,由心智和给定的整体共同创造
认识论	二元论/客观主义;发现是真实的	经修正的二元论/客观主义;批判传统/社群;发现可能是真实的	交流/主观主义;由价值调节的发现	交流的/主观主义的/创造的发现	在与整体的参与交流中的批判主体性;有关经验主义的、提议的和实际认知扩大的认识论;共同创造的发现
方法论	实验/操作的(方法);对假设的证实;主要使用定量方法	经修正的实验/操作(方法);批判多元主义;对假设的证伪;可能包括定性方法	对话的/辩证的(方法)	诠释学的/辩证的(方法)	对合作行动研究的政治参与;实践的优先性;使用扎根于共享的经验语境的语言

因此,不仅仅是性别与传播的交叉研究需要厘清研究所基于的认识论立场,可以说,判别某一研究范畴基于何种认识论,是任何一门以社会性别为关键词的跨学科研究都必须明确的问题。

(一)认识论对跨学科研究的决定性影响

在社会性别与其他学科的交叉研究中,“研究范式的选择”作为一个理论问题被提出,源自女权主义三次浪潮对于“二元论”的批判,也源于对“女权主义理论主体角色”的反思。

---

① 邓津,林肯.定性研究:方法论基础[M].风笑天,译.重庆:重庆大学出版社,2007:180.

如今,女权主义学术已广泛涵盖自由主义女权主义、社会主义女权主义、马克思主义女权主义、精神分析女权主义、激进主义女权主义以及后现代主义女权主义等不同的流派。这些女权主义流派尽管在政治实践路径、理论认同等方面存在差异,但是在"命名"上具有一个突出的相同点,当然这也是它们不可回避的"通病"——"通常,女权主义以外的思想流派会在女权主义内部衍生出各种理论的变体,两者的联姻便出现了这样的分类。也就是说,相对于一个更大的指导性的理论框架来说,女权主义是一个修饰语,而且总是第二个修饰语"①。

当然,以女权主义作为修饰语的学科范畴在命名方式上已经凸显出两种明确的符号含义:其一,这类学科范畴所依托的理论支柱之一一定是某类(或某几类)女权主义学术;其二,这类学科范畴继承了女权主义尖锐的批判性、相对极端性以及特定女权主义认识论和其所惯用的话语范式。

与其他学科理论相互交叉后,因为女权主义只是充当了"第二个修饰语",所以各种流派的女权主义理论便淹没在其他学科理论体系之中。女权主义理论自身在跨学科研究中显现出很多差异性甚至矛盾性,这无形之中削弱了"女权主义学术"作为一个"独立的、整体的概念"在跨学科研究体系中的力量。在一定时间内,女权主义不会成为这类交叉研究的理论核心,但是随着时间的推移,当越来越多学者和公众认可女权主义学术的价值时,它是否能在使用过程中被挪移到交叉研究的核心位置虽未可知但可期待。

事实上,女权主义学术虽然"混合加入"了某些交叉研究中,但是交叉研究对女权主义本身依然存在着一些误解和偏见。另外,令交叉

---

① 阿内尔.政治学与女性主义[M].郭夏娟,译.北京:东方出版社,2005:225.

研究排斥女权主义的主要原因是,女权主义学术的解构性所带来的认识论和价值观方面的冲击,令这些交叉研究生畏:“从第二次女权主义运动开始,不同流派的女权主义者都已经意识到,女权理论与占支配地位的其他学科的理论体系之间的关系常常十分僵硬。因此,女权主义理论之间,以及女权主义理论与其他的主导性理论框架之间,不可避免地会产生矛盾,并且这也成为了造成跨学科研究立场产生重大冲突的根源。”①

自由主义女权主义流派是自由主义思想与女权主义理论相结合的产物,不过这种结合在认识论和方法论上并未产生特别激进的突破,因为自由主义女权主义认同自由主义所提出的理论框架,并且认可实证主义的认识论②,所以,自由主义女权主义提出,只要在现存体制框架内,通过教育和平权提升性别平等的意识,完美的两性关系愿景是可以期待并实现的。也就是说,自由主义女权主义不诉求于开展体制革命,它坚信只需要在现有性别体制内添加性别敏感意识和两性平权行动,通过温和的改良手段便可缓步实现两性平等。

自由主义女权主义的这种坚信遭到其他流派女权主义者的猛烈抨击。激进主义女权主义、马克思主义女权主义以及后现代主义女权

---

① 阿内尔.政治学与女性主义[M].郭夏娟,译.北京:东方出版社,2005:225.

② 实证主义认识论植根于本体论的关于客观实在的假设。因此,科学的目的就是解释、预测并最终掌握那个实在。其主要通过试验手段,关于客体的假设被制造、被检验并证实。在整个研究过程中,科学家必须保持与客体位置的距离,以避免造成偏向,干扰获得知识。对于实证主义者,对于“认识者”(如科学家)的身份并非十分相关,正确使用了科学方法后,任何人都可以把握客观实在。研究者个人的信仰和价值观不应当干扰对于客观实在的把握,因此,这些人为的因素不得参与科学的过程。

主义流派都是后实证主义认识论[①]与女权主义理论相结合的产物。这些流派认为,不彻底否定及推翻现有的性别制度,便无法实现男女两性真正的平等。

女权主义流派间的差异甚至矛盾带来了女权主义对自身理论体系的反思。最突出的表现就是对"女权主义理论在交叉研究中是否具有主体价值"发出了质询:"近年来,主流政治理论与女权主义思想的这种联姻已受到女权主义自身的挑战。实际上,许多女权主义者大多已逐渐不再需要依附于主流思想流派,相反,她们从自己的理论前提出发(建立在不同的经验和视角基础上),然后结合各种有助于其理论分析的其他理论的要素。……女权主义者们发现,必须从女权主义思想自身演进的视角考察女权主义,而不是从其他理论合作者的视角出发,并且必须包括整个历史发展过程中的多种多样的声音。"[②]坚

---

① 后实证主义认识论包括实在主义、批判理论和建构主义三种不同的认识论。其中,"实在主义"同样承诺了有一个客观实在,但是与实证主义的分野在于它指出了要纯粹地、完全地、无偏向地把握实在几乎是不可能的。换言之,由于人类内部的缺陷,科学家不可能绝对精确地把握这个纯粹、真实的社会和物理世界。在贯穿的整个研究过程中(提出假设和用试验检验),一个科学家必须力图确认并剔除偏向的来源。"批判理论"认为,"实在"总是被社会、政治、文化、经济、伦理和性别的价值观解释,因此不存在一个客观实在。我们所认为的知识不是"纯粹的事实",因为它已经被各种视镜过滤了。因此研究的目的是理解研究者和参与者的价值观如何决定对这个社会世界的知觉。所以,科学不可能成为一个客观的机构,因为价值观渗透到研究过程中的每一层面。这样,认识者的身份就至关重要了,因为其价值观、信仰和生活体验影响了研究问题的形成、数据的发现与收集以及如何解释。因为剔除或分离这些因素是不可能的,研究者就必须明白他们的个人体验是如何塑造他们的研究发现的。"建构主义"者比批判理论者更进了一步,他们直接指出"实在"(因此也牵涉到知识)是社会建构的。社会事实,如性别、种族、阶级、文化以及经济不仅是我们看见实在的透视镜,而且决定了我们怎样构造那些形成我们个体的实在的视野。不存在什么"真实的"实在,没有单一的真理,而是多样的、由个体建构的真理。评估如何理解我们的社会,研究者必须参与一个与参与者相互作用的对话来分析说明,并使这些社会的建构事实彰显出来。与批判理论的相似点在于,认识者的身份是至关重要的,因为科学家积极地参与了实在的研究的社会建构。从这个观点看,研究本质上是一个主观的过程。见康蓓尔,沃斯科.社会科学的女性主义方法:认识论与方法论的原则[J].美国大众心理学月刊,2000,28(6).

② 阿内尔.政治学与女性主义[M].郭夏娟,译.北京:东方出版社,2005:226-227.

持“女权主义自己的前提”,也就是在交叉研究中坚持女权主义认识论。

基于不同哲学认同的认识论对于跨学科研究的范式选择至关重要。在传统认识论中,社会性别研究和女权主义研究属于“第二个修饰语”,并不具有主体身份。因此,社会性别或女权主义与其他学科或研究范畴的交叉研究总是被视为其他学科或研究范畴之下的一种子研究或附属研究。事实上,性别传播研究在后期的发展进程中一直着力摆脱将其视为传播学研究的一个独特视角或子领域的定位;坚持女权主义认识论和社会性别研究框架成为性别传播研究保持自身研究独立性的基础。

(二)女权主义认识论的理论内涵

所谓女权主义认识论,是指女性可以成为“知者”;女性的经验和观察也具有检验知识的合法性;“主观真理”、女性经验也可以作为知识而被认知。[①]

女权主义认识论的基本原则有以下三个:一是置疑种种二元论;二是强调知识是社会建构的结果,知识是被建构的,因此也是可以被改变的;三是致力于从行动层面赋权妇女(Joey Spague & Mary Zimmeman,1993)。[②]

对于大多数学者而言,坚持在研究中贯彻女权主义认识论,实践一种“区别以往的研究范式”并非易事,因为要使女权主义认识论及其研究范式超越其他理论分析框架并占据交叉学科研究的话语中心,首

① HARDING S. Introduction:Is there a Feminist Method? [M]//Feminism and Methodology. Bloomington:Indiana University Press,1987.

② 佟新.女性的生活经验与女权主义认识论[J].云南民族学院学报(哲学社会科学版),2002,19(3):73-77.

先需要消除对女权主义认识论的无知与偏见。

桑德拉·哈丁(Sandra Harding)在《什么是女权主义认识论》(*What is Feminist Epistemology*)中指出了社会性别及女权主义学术知识被传统的学科观念排斥、忽视甚至贬低的现实。

“自1970年以来,发展独特的女权主义知识理论的尝试起源于几个领域。其中一个重要来源是社会科学家和生物学家在试图将女性与性别议题纳入他们既有的知识结构时遇到了困难。社会科学与生物学领域中的概念图式以及客观性、合理性、科学方法等处于支配地位的观念体系,在分析性别议题时往往显得非常软弱无力,或者说,在某些方面过分扭曲,乃至它无法辨别出性别歧视的现象和男性中心主义的臆断与信念,更不必说清除它们了。如果既有的概念图式和研究模型是如此系统地扭曲着这些问题,人们如何能够以此来描述和解释女性生物学或女性的生活呢?受性别歧视与男性中心主义臆断的影响,男性生物学和男人生活的一些重要方面也显示出被扭曲的迹象。此外,由于女权主义的立场导致它对性别歧视和大男子主义的审视与批评,大多数科学家认为它是一种政治运动(将之作为理智与观察的对立面);因此,科学家们认为女权主义观点是一种威胁,因为他们声称要为自然与社会关系中的规律及一些潜在的因果关系提供‘纯粹的’描述和解释。”①

不可忽略的一个事实是:真正将“社会性别”作为一个分析领域/理论分析范畴,是20世纪末的新生事物,在正统的社会理论中,它尚无稳固的一席之地。这一现实说明当代女权主义者还未能成功地将性别融入现存理论体系,同时说明了她们无法说服任何一门学科而

① 麦克拉肯,艾晓明,柯倩婷.女权主义理论读本[M].桂林:广西师范大学出版社,2007:503.

将“社会性别”真正纳入自己的学科体系。[①]

的确,由于女权主义学术是在女权运动基础上发展起来的,因此常常被误读和扭曲为仅仅是为改善男权社会中女性命运和处境的一种理论诉求。实际上,改变女性命运只是女权主义学术的社会实践的目标之一。当代女权主义理论发展中更值得关注的重要方面是它对已有理论和知识系统的全面质疑与挑战,这种挑战已构成当今西方以及西方以外许多国家知识发展过程中不可忽视的内容。

在当代理论相互交汇的各种声音当中,以社会性别为核心的女权主义无疑是极为响亮和突出的。它以其明确的问题意识、尖锐的批判锋芒和坚韧的实践精神,不仅一步步改变着女性自身的命运,也在人类文化知识的勘误和理论空间的拓展方面表现出独特的革新力量和鲜明的个性。特别是受后结构主义理论的影响,女权主义学者一方面继续推动社会变革,另一方面不断深入文化思想内部,在政治学、经济学、法学、历史学、哲学和伦理学等学科领域,对父权制的历史文化结构和男权思想结构进行全面解析,对这些学科的基础和前提性概念提出疑问,从而形成根本性的冲击。[②]

在这个过程中,女权主义认识论从被忽视与贬低到被重视与重用,在以“社会性别”为关键词之一的交叉研究中发挥了不容忽略的重要作用。坚持以女权主义认识论为基础的交叉研究,也形成了区别于其他研究范畴的独特研究范式。

---

① 斯科特.性别:历史分析中的一个有效范畴[M]//麦克拉肯.女权主义理论读本.桂林:广西师范大学出版社,2007:179.

② 刘禾.女性主义与当代学术成果[N].中华读书报,2002-11-13(17).

（三）在两种不同认识论研究框架下的社会性别概念

在社会科学研究中，“社会性别”（Gender）一般被视为一套用来区分“男性的”与“女性的”（males and females）、“男人”与“女人”（men and women）、“男性气质”与“女性气质”（masculine and feminine）的术语。[①] 不过，随着知识论的发展，“社会性别”逐渐形成两种固定的使用习惯，并分别代表了不同的研究立场。这种差别的形成，归根究底源自本质主义（Essentialism）与建构主义（Constructivism）哲学观的分歧。

1.“社会性别”作为体现本质主义哲学立场的一个分类指标

（1）Gender 与 Sex 无差别，且完全同义

社会性别（Gender）与生理性别（Sex）都能够用来区分“男女两性的性别”，因此在语词使用系统中，二者在很长一段时间内是完全同义且可以相互替代的。

从语源学（Etymology）来看，“社会性别”（Gender）来自中古英语“gendre”，并源于近代法语的词根“genre”，表示种类、样式、类别（kind，type，sort），是对特定的事物从性别的角度进行分类的一个分析范畴。[②]

从本质主义哲学观的立场出发，男人、男性气质与男性的角色同女人、女性气质与女性的角色之间只存在着一种对应关系，而且这种对应关系是绝对的、固定化的和不容打破的。在这种哲学观的指导下，男性与女性的社会地位和社会角色、彼此之间的社会关系结构以及各自为维

---

① UORY J R. The Nature of Gender[J]. Demography，1994，31(4)：561-565.

② POKORNY J. Indogermanisches Etymologisches Wörterbuch[M]. Tübingen：Francke，1959：373-375.

持这种相互关系所担负的权利和义务,都是“天生的”“天经地义的”。

在不考虑其他因素的作用下,仅从生理性别这一个人口学分类指标便可以对男性与女性的社会地位和性别角色做出相应的归类以及差别化对待。这种将两性的生理特性与其社会属性直接对应并按等级划分的方式,是基于本质主义哲学的、一种不平等的社会控制的方式。

在本质主义哲学观的影响下,无论是社会性别还是生理性别,都仅是对男女两性进行社会分类的一个指标。因此,两个术语之间并没有根本性的差别。直到20世纪80年代,一般的社会科学领域仍存在将Gender作为一个包含生理性别或替代生理性别的术语使用的状况。

(2)Gender与Sex有所区别,但使用中仍可相互替代

1966年11月21日,新闻界为了在报道中界定约翰·霍普金斯医院(Johns Hopkins Hospital)的变性者的身份,首次使用了“gender identity”这个术语,[①]开始强调“gender”与“sex”之间的差异。

可以说,“变性人”的出现给医学与生物学研究带来了巨大的观念冲击,人们开始意识到,一个人的“社会性别”特征似乎不能够理所当然地根据其“生物性别”去“预设”或“指定”,也就是说,生理性别与社会性别并不总是必然一致的(比如,一个男人拥有男性的身体,却想要发展女性气质;一个女人拥有女性的身体,却想要发展男性气质的情况并不少见)。在不得不对这样的案例给出一个判定的情况下,出现了“社会性别身份认同”(gender identity)这个术语,用来概括“gender”与“sex”可能不相匹配的情况。

即便承认了“gender”与“sex”存在差异,在生物学和医学研究领

---

① MONEY J. The concept of gender identity disorder in childhood and adolescence after 39 years [J]. Journal of Sex and Marital Therapy 1994,20(3):163-77.

域，主流认同仍将“gender”与“sex”“相匹配”的情况视为“正常”，将二者“不匹配”的情况视为“异常”和“病态”——通常，那些不能按照生理性别所对应的社会性别的传统规范（拥有男性身体的人应该选择男性气质，拥有女性身体的人应该选择女性气质）选择并履行自己的社会性别身份义务的人，就会被判定为患有“性别认定障碍”“性别认知失调”（gender identity disorder），特别是那些表现出男性气质的女性，会被判定为患有“先天肾上腺畸形”（congenital adrenal hyperplasia）。①

一些研究者试图对人的生理性别与社会性别“不一致”的原因做出更深层的生物学解释，如约翰·曼尼（John Money）曾提出，每个人的基因与荷尔蒙都有可能是双性的（dimorphic），胚胎时期与出生之后、青春期后期的性别偏好可能不同。也就是说，每一个人的社会性别并不都是固定的、稳定的。②

因此，尽管人们在划定“社会性别”的特征时仍会习惯性地将其二分为“男性气质”（masculinity）和“女性气质”（femininity），但是在对应到具体的个人时，便出现了对其自身社会性别的属性进行选择的一种可能性，即并非男人一定具有男性气质，女人一定具有女性气质；具有女性气质的男人和具有男性气质的女人，都是对其社会性别身份认同进行的一种“主观选择”，不应该受到排斥、歧视。“一个人对其社会性别的认同，意味着其选择了一个特定的社会范畴，是对其自身特征、行为方式、文化建构范畴的一种有意识的选择过程。”③

---

① MELISSA B M. Are gender differences predetermined[EB/OL]. (2005-06-08)[2010-08-30]. http://www.rps.psu.edu/probing/gender.

② FISHERHE, BROWNLL, ARONA. Romantic Love: a Mammalian brain system for mate choice[J]. Philosophical Transactions of The Royal Society: Biological Sciences, 2006(361): 2173-2186.

③ BUTLER J. Gender trouble: Feminism and the subversion of identity[M]. New York: Routledge, 1989.

另外,男性气质与女性气质的界限并非泾渭分明。贝姆性别角色量表(Bem Sex Role Inventory)和个性特征调查问卷(Personal Attributes Questionnaire)显示,很多人的社会性别身份选择具有多维与融合的特征。雌雄同体(androgynous)的社会性别特征对很多人而言实际上是一种普遍的选项——大部分人,无论男性还是女性,都兼具了男性气质与女性气质。[①] 特温兹(Twenge)也指出,"尽管男性一般来说还是倾向于选择男性气质,女性一般来说会倾向于选择女性气质,但生物性别与两性气质之间的唯一对应关系正在减弱"[②]。

尽管在认知层面人们已经意识到 gender 与 sex 存在很多的差异,但出于种种原因,gender 作为代替 sex 的用法一直传承下来。

1993 年,美国食品和药品管理局的官方文件用"gender"代替"sex"来表示性别[③]。此外,在与生物学相关的一些研究领域,常常会使用 gender 来表明人与其他动物的性别。在这种使用方式之下,gender 与种族(race)、阶层(class)一样,仅是一个人口学分类词,并不涉及对两性的社会角色、社会权力、社会建构的性别不平等的批判。

2."社会性别"作为基于建构主义哲学立场的一个理论分析范畴

尽管 gender 与 sex 被同一化使用的现象至今仍存在,但并不影响女权主义学术从建构主义哲学观重新审视"社会性别"概念。特别是对其内涵重新认识的过程中,三位女权主义研究者的理论推动

① PALAN K M,GENTRY J,CHUN S,et al. Gender Identity in Consumer Behavior Research:A Literature Review and Research Agenda[J]. Academy of Marketing Science Review,2001(10).

② TWENGEJ M. Changes in masculine and feminine traits over time:A meta-analysis[J]. Sex Roles,1997,36(5):305-325.

③ World Health Organization. What do we mean by sex and gender? [EB/OL].(2009-09-29)[2010-08-30]. http://en. wikipedia. org/wiki/Gender 2009-09-29.

功不可没。她们提出的观点进一步揭示了基于本质主义立场的“社会性别”,扮演了一个具有专制性与压迫性的分类范畴。正是在她们提出的理论观点的基础上,“社会性别”的建构主义特征被明确下来。

(1)凯特·米利特:性别角色是性政治的一种体现

1955 年,性学家约翰·曼尼(John Money)区分了“社会性别”与生理性别并明确了“Gender”可作为一种分析两性社会角色的理论工具。在此之前,Gender 只是作为一种表示两性生理性别差异的新术语,被极少数学者使用着。①

20 世纪 70 年代,第二次女权主义浪潮在美国爆发。基于女性在社会中遭受的各种歧视,女权主义者强调要对“生理性别”和具有社会建构性的“社会性别”做出区分。女权主义者们认识到,在现实生活中,女性往往仅是因为其生理性别而遭受各种有形和无形的压迫,从建构主义哲学观的立场出发,个人的社会性别受到了占统治地位的性别制度的控制和影响。因此,“性别角色”与某种制度性的因素相关,而这一因素正是“社会性别制度”。

美国女权主义作家和社会活动家凯特·米利特(Kate Millet)是牛津大学圣希尔达学院第一位获得“优秀研究生”称号的美国女性,也是美国第二次女权主义运动的中流砥柱之一,在其哥伦比亚大学博士学位论文《性政治》(*Sexual Politics*,1970)中,她对西方社会以及文学文本中的性歧视与父权制压迫进行了深入而全面的批判。凯特·米利特彻底否定了本质主义哲学观,认为个人的性别角色以及社会性别属性的定型化,皆在这种哲学观的影响之下:“谁若渴望过一种较少羞辱和约束的生活,谁就会立即被说成是个自然的,是她遗传身份的变异。

① UDRY J R. The Nature of Gender[J]. Demography,1994,31(4):561-573.

一个女人若想反抗‘女人味’,即女性气质、地位和角色,便会被看作精神病,因为正如‘生理是命运’一样,女人味就是她的命运。”①

用建构主义代替本质主义,就会发现根本不存在所谓天生的性别角色(innate sex role),也不存在“唯一正确”“匹配”“合理的”社会性别身份的选择模式,大量存在的都是被父权制文化规约的、建构性的社会性别角色(gender role)。

受此认知观念转变的影响,在1974年出版的《男性气质、女性气质或人类》(*Masculine/Feminine or Human*)中,作者使用了“innate gender”(天生固有的性别)和“learned sex roles”(习得的性别角色)这两个术语。② 在1978年的修订版本中,“gender”和“sex”这两个词被完全颠倒过来使用了。③

凯特·米利特的理论贡献在于,明确提出了性别角色与社会文化、女性现实处境与性别制度控制之间“互为表里”的关系,从而将女性受压迫的地位与权力关系和等级化控制的社会机制建立了联系,突出了“社会性别”的建构主义特性。

(2)盖尔·鲁宾:不同性质、多样化存在的“性/社会性别制度”

盖尔·鲁宾(Gayle Rubin)是美国密歇根大学文化人类学教授,致力于对性/社会性别制度、性施虐与性受虐、卖淫、恋童癖、色情文学和女同性恋文学等议题的研究,尤其关注都市中亚文化群体的性/社会性别的存在状况。

关于sex与gender的内在关联与区别,以及由此形成的性别制度、

---

① MILLET K. Sexual Politics[M]. Urbana:University of Illinois Press,2000:256.

② CHAFETZ J S. Masculine/Feminine or Human? An Overview of the Sociology of Sex Roles[J]. Contemporary Sociology,1974,4(3):230.

③ CHAFETZ J S. Masculine/Feminine or Human? An Overview of the Sociology of Sex Roles[J]. Contemporary Sociology,1974,4(3):230.

性别文化与两性生存现实的对应关系，盖尔·鲁宾在1975年发表的《女人交易：性的政治经济学笔记》(*The Traffic in Women: Notes on the Political Economy of Sex*)一文中进行了系统的论述，并在这篇文章中提出了“性/社会性别制度”的概念(the Sex/Gender System)。

盖尔·鲁宾指出，“性/社会性别制度是社会将生物的性转化为人类活动的产品的一整套组织安排，这些转变了的性需求在这套组织中得到满足”[①]。“性/社会性别制度”同人类其他社会组织形式一起构成人类社会。与“父权制”概念不同，“性/社会性别制度”像“经济制度”一样，是中性的。人类社会的经济制度不一定是资本主义的，人类社会的“性/社会性别制度”也不一定必然是性别歧视的，“父权制”应仅是“性/社会性别制度”中的一种。“性/社会性别制度”是人类历史活动的产物，是可以改变的。[②]

盖尔·鲁宾的理论贡献是提出了性质不同的“性/社会性别制度”在现实世界中多样化存在的可能性——既可以表现为压迫性、二元对立的“性/社会性别制度”，也可以表现为理想化的、平等的“性/社会性别制度”甚至由此延伸，还可能存在着压迫性的和理想化的“性/社会性别制度”共存的状态。相应地，面对不平等的“性/社会性别制度”，既可以“先破后立”，通过改变不合理、不平等的“性/社会性别制度”来实现性别平等；也可以“既破且立”，即批判不平等的制度与构建平等的制度同时进行，性别平等的倡导与实践并不一定要以完全消除性别压迫为前提。

盖尔·鲁宾的理论观点为女权主义运动与女权主义学术诉诸不同层面的“改变”目标提供了重要的话语支持。

---

① 王政.“女性意识”、“社会性别意识”辨异[J].妇女研究论丛，1997(1)：14-20.

② RUBIN G. The Traffic in Women: Notes on the “Political Economy” of Sex[M]//REITER R. Toward an Anthropology of Women. New York: Monthly Review Press, 1975: 157-210.

(3)琼·斯科特:社会性别——适用于不同学科的一个有用的分析范畴

琼·斯科特(Joan W. Scott)是女权理论研究和美国史研究的专家。她于1969年取得博士学位后,先后在伊利诺伊大学芝加哥分校、西北大学、北卡罗来纳大学教堂山分校、罗格斯大学、约翰斯·霍普金斯大学的历史系任教。她是布朗大学女性教学与研究中心(Pembroke Center for Teaching and Research on Women)的创办者和领导者,也是杜克大学历史学教授。目前,她是美国普林斯顿大学高等学术研究所的教授。

1988年,琼·斯科特发表在《美国史学评论》上的文章《社会性别:一个有用的历史分析范畴》(*Gender:A Useful Category of Historical Analysis*),被视为女权主义研究的一个重要的里程碑,因为这篇文章确立了"社会性别"是女权主义理论研究中一个核心且基础的研究范畴。社会性别不再与生理性别捆绑,或者仅研究其与生理性别的区别。社会性别研究超越了固有的研究框架,其女权主义立场与诉求更为鲜明——"社会性别是基于可见的性别差异之上的社会关系的构成因素,是表示权力关系的一种基本途径"[①]。

琼·斯科特的理论贡献在于,她赋予"社会性别"更宏观、更开阔的理论视野,并使"社会性别"研究超越"生物性与社会性"的二元阐释框架,将研究的关注点从"关注女性"转移到关注"社会关系""权力关系"上。任何与"社会关系""权力关系"相联系的学科,都可以运用"社会性别"这个理论工具进行分析。由此,"社会性别"概念便得以深入政治、历史、经济、文化、法律、传播等诸多领域的研究;"社会性别"概念不仅成为分析历史的一个有用范畴,也成为介入任何其他学

---

① SCOTT J W. Gender:A Useful Category of Historical Analysis[J]. American Historical Review,1986,91(5):1053-1075.

科并进行批判性研究的一个有效范畴。

总之,基于本质主义或者建构主义的哲学观,“社会性别”(Gender)在西方话语体系中存在着两种截然不同的使用习惯与研究立场:

第一种是将“Gender”与“Sex”同义化使用,以区分人和其他生物的生理性别。这种用法是将“gender”作为与“race”“class”一样的分类指标,并将男女两性的“生理性别”对应相应的“社会性别”视为一种“天经地义”的规则。

第二种是基于建构主义的哲学观,“Gender”被视为区分男女两性社会角色和社会地位、社会关系以及权力关系的根本机制与分析范畴。这种用法往往与女权主义理论相结合,并表现出鲜明的女权主义批判立场。

如果作为人口学分类指标是“社会性别”概念的一个属性,那么女权主义运动、女权主义学术则赋予“社会性别”概念以批判性、解构性、政治性的属性。

“社会性别”概念的这两种用法与两种研究立场深刻影响了和“社会性别”相关的跨学科研究的研究取向:在有些跨学科研究中,“社会性别”仅仅作为一个特殊的视角;但在有些跨学科研究中,“社会性别”是一个重要的理论分析范畴,使跨学科研究具有了认识论、方法论上的新视野与新范式。

二、考察核心变量间的主体关系是范式分类的关键

凡是以“性别”“传播”作为两个基础变量的研究范畴都需要遵循性别与传播交叉研究的研究范式。由于这两个基础变量分别代表着两种具有差别的研究体系和认识论,因此,考察这两个变量之间的主体关系是判定性别与传播交叉研究中不同研究范畴所遵循的研究范式的关键。

跨学科研究的范式结构一般以占主体地位的变量所认同的认识论为依据。例如,文化人类学是文化学和人类学的跨学科交叉研究。文化学和人类学分别为两个变量,而文化人类学是以人类学为主体、以文化学为客体的研究。具体而言,“它是文化研究与人类学研究相交叉的产物,它属于人类学的一个分支,是用考古学、人种志、民俗学、语言学的方法、概念和资料,来研究人类各民族创造的文化,以揭示人类文化的本质的这样一门学科”①。

对于性别与传播的交叉研究来说,是将社会性别视为主体,还是将传播学视为主体,根本性地影响着研究范式的基本认同。

如何假定或证明性别与传播的交叉研究是传播学研究的一个分支,或者性别与传播的交叉研究是基于社会性别研究立场的一个相对独立的研究范畴?如何评估社会性别研究理论在性别与传播交叉研究中的地位和价值?社会性别研究和传播学研究是否都能单独成为这一交叉研究的主体?

回答这一系列的问题,最核心的是要首先把握如何看待“性别”在交叉研究中的角色与作用。

从社会性别概念随着女权主义学术的发展逐渐扩展出不同的理论认知维度可知,以“性别”为关键词的性别与传播交叉研究在理论上已发展出两种最基本的模式:

第一种是将“社会性别”作为一个类似于“阶级”“种族”的分类词,在传播研究范式中增加注重性别差异、女性经验的研究,将性别理论添加到传播学研究框架内。这种模式所采用的最常见的方法论是将传播学置于两性差异性的视角之下,并对之进行“性别化”的分析。

---

① 孙家洲. 20 世纪中国史学研究方法的演进轨迹及其启示[Z]. 中国传媒大学博士生社会研究方法讲座文稿,2011-03-15.

第二种是贯彻社会性别对于女权主义理论广泛吸收的成果，强调以社会性别理论为基础研究框架、以女权主义认识论与方法论为主体，反思传播学研究中的性别偏差与性别歧视的结构和机制根源。这种模式所采用的最常见的理论方法是女权主义政治经济学和女权主义传播批判理论。

通过梳理、提炼性别与传播交叉研究的丰富成果可知，该研究领域目前为止具有两种最基本的研究范式，即强调女权主义的认识论、方法论，并以社会性别为理论主体的研究范式；以传播学研究为基础框架和理论主体的研究范式。（见表 4.2）

表 4.2　性别与传播交叉研究两种最基本的研究范式

	主体变量	客体变量	研究范畴
第一类研究范式	社会性别研究①	传播学研究	性别传播研究（女权主义传播政治经济学、女权主义传播批判理论等）
			批判性的女权主义传播研究（包括马克思主义女权主义传播研究、激进主义女权主义传播研究等）②
			女权主义媒体批评
第二类研究范式	传播学研究	社会性别研究③	性别与传播研究
			妇女与媒体研究
			自由主义女权主义传播研究⑤
	传播学研究	社会性别研究作客体变量，其他学科研究作为中介变量④	性别、传播与其他学术领域的相互交叉研究

① 特指以女权主义认识论为基础的社会性别研究。

② 批判性的女权主义传播研究基于后实证主义的认识论。

③ 特指将社会性别作为一种分类词的社会性别研究。

④ 所谓中介变量（intervening variable）是指出现在更为复杂一些的因果关系链中的第三变量。它在自变量与因变量的联系中处于二者之间的位置，表明自变量影响因变量的一种方式或途径。在同一个因果关系链中，中介变量既是相对于自变量来说的因变量，又是相对于因变量来说的自变量。两个变量之间的因果关系是通过中介变量相连接的。

⑤ 自由主义女权主义传播研究基于实证主义认识论。

概括而言,性别与传播交叉研究的范式选择遵循以下几个原则:

首先,某一个研究范畴的研究范式的类别由该研究范畴所依托的不同认识论之间的博弈所影响和决定。

其次,在交叉研究中,变量间的互构关系体现了特定的研究范畴所依托的认识论的性质。充当主体变量和研究框架的理论范畴所坚持的认识论主导着该交叉研究范式的性质。

最后,不同流派的女权主义传播研究,采纳了并不完全一致的研究范式。例如,“自由主义女权主义传播研究”是基于实证主义认识论的研究,以传播学研究为理论框架,加入了社会性别的视角,是对于传播学的研究范式本身的一种改良与修正,因而属于第二类研究范式。其他批判性的女权主义传播研究,如马克思主义女权主义传播研究、激进主义女权主义传播研究等,是基于后实证主义的研究范畴,并且认同女权主义的认识论、方法论,因为坚持了批判的、改革性的研究立场,所以属于第一种范式。

三、本节小结

对于性别传播研究而言,与其他研究范畴最核心的差别不在于具体的研究内容,而在于研究所基于的认识论。更具体地说,本质的不同在于是将女权主义学术和社会性别研究作为一种从属性的研究范畴,还是将之作为一种主体性研究框架之间的差别。

“社会性别”概念在被使用的过程中呈现出本质主义哲学观和建构主义哲学观两种不同的理论取向,使以“社会性别”为核心词之一的性别与传播跨学科研究也针对“社会性别”在跨学科研究中的地位和角色呈现出不同的认识论。基于本质主义哲学观的“社会性别”在跨学科研究中扮演了从属性的角色,并在跨学科研究中仅发挥了两性性别分类研究的基础性作用。基于建构主义哲学观的“社会性别”在跨学科研究中扮演了批判性的角色，并在跨学科研究中发挥了解构传统认识论的作用。

第二节　“性别与传播研究”和“性别传播研究”的范式

一、“性别与传播研究”在认识论层面的范式特征

在性别与传播交叉研究中，最常见的研究范式以传播学为理论主体。这种研究范式将性别和其他学科的知识作为一种添加性的要素补充、整合进交叉研究的视野。采用这类范式的研究范畴主要包括“性别与传播研究”“妇女与媒介研究”“自由主义女权主义传播研究”以及“性别、传播与其他学科的交叉研究”。

其中，“性别与传播研究”是以传统认识论占主导地位的学术界所普遍认可的一个研究范畴，而且很长时间以来，性别与传播研究的范式被等同于性别与传播所有交叉研究范畴的“主导性”范式。

（一）基本认同及现实依据

性别与传播研究所采用的范式通常借用经典大众传播学5W模式，将“女性”或“性别要素”分别添加进“传者”“媒介”“文本”“受众”“效果”这五个研究框架，注重研究不同媒介形态下“女

性”或“性别要素”的作用及其所起到的作用等，常见的研究是针对广告、纸媒、电视、电影及新媒体中以女性作为研究对象的相关研究。

社会性别（gender）之所以能够在这种范式中作为一种建设性的新视角加入传播学研究链条，是因为此处运用的 gender 仅作为以性别为基础的差异性视角去补充、健全原有的结构与范式（一种改良式的、添加性的视角），而不是在认识论和方法论的基础上批判性地重新审视、颠覆、重建一种新的知识框架和研究范式（一种改革式的批判与建构）。正是因为在使用 gender 时的差别，所以这种研究范式一方面区别于“性别传播研究”的研究范式，另一方面更能得到包括传播学在内的大多数以传统认识论为基础的学科的普遍接纳。

对这一范式的实践及其所形成的学术风潮，一方面得益于“历史时机”，即男性和女性的现实处境有了各种新近的变化——性/社会性别制度作为一种可能的知识对象出现了，这些变化包括经济变动、性解放、更多的女性进入高等教育机构、20 世纪 60 年代的民权斗争等[①]；另一方面归功于具有社会性别视角或研究立场的学者和行动者在社会组织、学术体系、研究内容等方面自觉、主动、有效地探索与建设。

早在 1929 年，妇女和传播学研究组织（ORWAC）便宣告成立。这个组织汇集了来自世界各国的千余名传播学学者、教师，就妇女研究（Women Studies）、女权主义研究（Feminist Studies）、社会性别、社会压迫及发展等议题展开研究，该组织定期出版的期刊《传播学中的女性研究》（*Women's Studies in Communication*）极大地促进了社会性别、

① 麦克拉肯，艾晓明，柯倩婷. 女权主义理论读本[M]. 桂林：广西师范大学出版社，2007：538.

妇女、女权主义研究在传播学体系的开拓。

1963 年，贝蒂·弗里丹(Betty Friedan)出版了《女性的迷思》(*Feminine Mystique*)，[①]因批评媒体而成为促使美国的妇女运动在 20 世纪 60 年代中期兴起的重要因素之一。[②] 在此之后，由媒介批评引发的女权主义媒介研究逐渐进入传播学研究领域。

从 20 世纪 70 年代开始，"性别"和"阶级""种族"一样，成为对传播学研究、媒介产业研究、传播制度和社会权力关系建构研究的重要视角。同时，社会性别也成为美国学术界研究人类社会与历史的一个基本分析范畴。

1973 年，施拉姆(Wilbur Schramm)出版了《人、讯息与媒介：人类传播概览》(*Men, Messages, and Media: Look at Human Communication*)，该书在 1982 年再版时[③]，书名改为《男人、女人、信息和媒体：理解人类传播》(*Men, Women, Massage, and Media: Understanding Human Communication*)，这体现了社会性别视角对其研究领域的开拓和研究价值认同的影响。

20 世纪 80 年代后，传播学研究领域不断出现各种女权主义媒介研究的文献、有关女性刻板印象的研究报告及其他有关论文或论著。丹尼斯·麦奎尔(Denis McQuail)的《大众传播学通论》(*Introduction to Mass Communication*)在 1983 年第一版中只字未提"女性""性别""性别歧视"以及其他女权主义关心的论题；但在 1987 年第二版中，其增加了有关女权主义分析的内容。[④]

---

① *Feminine Mystique* 也被译为《女性的奥秘》。

② ZOONEN L V. Feminist Media Studies[M]. London: Sage, 1994: 11.

③ 该书再版是由威尔伯·施拉姆(Wilbur Schramm)和威廉·E. 波特(William E. Porter)合著的。

④ ZOONEN L V. Feminist Media Studies[M]. London: Sage, 1994: 15.

美国传播学领域学者斯蒂芬·W.李特约翰(Steven W. Little John)在《人类传播理论》(*Theories of Human Communication*)中验证了这一时期"得到传播学领域认可的女权主义研究呈现上升趋势"。特别值得一提的是,《人类传播理论》(第9版)增加了一位作者——美国学者凯伦·A.福斯(Karen A. Foss),她是女权主义传播批判理论的代表人物之一,她的加入使这本权威的教科书基本体现了经验主义学派和批判学派"双峰并峙"的学术格局。①

1986年,美国新闻与大众传播教育学会(Association for Education in Journalism and Mass Communication)成立妇女地位委员会(Committee on the Status of Women)。同年,国际传播学会(ICA)也成立了女权主义学术兴趣小组(the Feminist Scholarship Interest Group)。美国言语传播学会(Speech Communication Association)也建立了女性团体(the Women's Caucus)。女性传播组织在美国的三个重要传播学会的建立,表明了传播学研究对性别视角及其相关理论、方法、议题的关注与吸收。

除了将社会性别理论作为一种不可或缺的视角补充进传播学研究体系,女权主义学术对传播学提出的挑战也成为传播学学者所思考的问题。正如小约翰所指出的:"女权主义理论对主流的传播理论提出了一个影响逐渐扩大的挑战。第一种挑战被学者称作包含阶段,它试图获得对女性的贡献的更多承认。修正主义阶段是与激进主义女权主义所奋争的目标相一致的,它对用来描述社会中传播的特征的定义发出挑战,其目的是修正这些方面的定义来包含女性的体验。"②

① 李特约翰,福斯.人类传播理论[M].史安斌,译.北京:清华大学出版社,2006.
② 小约翰.传播理论[M].陈德民,等译.北京:中国社会科学出版社,1999:427.

(二)特色与挑战

概括地说,这一类研究范式是目前学术研究和实践培训所普遍使用的一种范式,具有操作性强、认可度高的特点,也有助于在短时间内改善传统的大众传播领域各个层次、环节对于性别问题和性别公正的认知及重视,有助于提高媒体工作者、公众对媒介中的性别问题的认知及态度改变。

在当今学术界与政策推动领域,性别与传播研究发挥了重要的作用。这种研究范式虽然具有学科自身的局限性,但是,作为国际社会推动各国政府、媒体加强性别意识与性别均衡倡导的话语资源,这种研究范式因其“改良性”的特征而赢得了不同国家、地区、文化传统的广泛认同,也加强了其他学科对性别与传播议题的接纳度和重视度。

从社会性别研究的角度来看,更大范围地推广性别平等理念始终是性别研究的目标。性别与传播研究有相对成熟的研究路径,并已经广泛进入媒介素养的培训与提升体系,这对于加强性别观念的普及以及对媒体的社会性别状况的监督意义重大。

不过,这类研究范式所面对的挑战在于,由于缺乏性别理论的主体性支撑,因此性别与传播的结合只是“添加式”的,其内在机理本身是具有对抗性和矛盾性的,并未能真正结合,这种情形是“人们不能简单地把女权主义的主张‘加’到女权主义所挑战的主张上,正如不能把哥白尼天文学加到托勒密天文学(Ptolemaic astronomy)之中;这两套信念体系中包含着冲突和矛盾”①。

---

① 麦克拉肯,艾晓明,柯倩婷.女权主义理论读本[M].桂林:广西师范大学出版社,2007:512.

"把女权主义学术与传播学拼贴起来只能说是表面功夫,因为传播学并未真正接纳女权主义,女权主义也没有真正拥抱传播学。"[①]另外,只限于针对传播中出现的性别问题而提出批判,针对某些具体的个案提出批判并不能从结构上、根本上解决性别视角缺失的问题。女性整体作为"领域内的局外人"(outsiders within)的处境依然无法得到根本性的改变。

总体而言,以传播学为理论主体的研究范式对于学科发展所产生的作用是,"性别与传播研究""妇女与媒体研究"等分别成为传播学研究、媒介研究的一个分支,它们侧重于对性别差异、性别议题在媒介研究和传播学研究框架内的阐释。

二、"性别传播研究"在认识论层面的范式特征

"性别传播研究"的发展历史证明,基于女权主义认识论的社会性别理论,可以在交叉研究中发挥理论主体和研究框架的作用。

(一)基本认同与现实依据

性别传播研究以(强调女权主义认识论为基础的)社会性别理论为基本出发点,对媒介研究、传播学研究的既有学术体系进行反思,对其中所缺失的性别视角及其产生的影响展开批判;强调女权主义认识论对于消除传统学术范式中的结构性缺失的重要理论意义;呈现以社会性别理论为核心的女权主义学术对传播学研究进行的理论发展与方法突破。

一般而言,采用此范式的研究范畴主要包括批判性的女权主义传

① MCLAUGHLIN L. Feminist Communication Scholarship and"The Women Question"in the Academy[J]. Communication Theory,1995,5(5):152.

播研究(Critical Feminist Communication Studies)①、女权主义媒介批评(Feminist Media Critics)②和性别传播研究(Gender Communication Studies)等。

因为社会性别研究在美国学术语境中具有截然不同的方法论含义,所以“性别传播研究”和“性别与传播研究”其实是两个研究范畴。为了不纠缠在对“性别”内涵的反复阐释上,一部分学者往往会选择旗帜鲜明地张扬女权主义认识论及学术立场,因而,“性别传播研究”也被称为“女权主义传播研究”。

有相当一部分学者认为,有必要采用“性别传播研究”这个专有名词来强调“性别”与“传播”之间的关系不需要用一个“与”字来联结,即这两个学术概念并不是添加的关系。另外,尽管叫作“性别传播研究”,这里面的“性别”也并不是指男女两性生理性别的二元分类的概念,而是指以女权主义认识论为基础的一种新的视角和理论方法。所以,从实质上来说,“性别传播研究”与“女权主义传播研究”只是命名的区别,在认识论和基本立场上是相同的。③

以社会性别为理论主体的研究范式最重要的是强调女权主义学术立场、女权主义认识论的重要性,而这些正是基于社会性别本身的语境化与多义性的特征。

当作为一个分类词时,社会性别不颠覆其他研究范畴的认识论和

---

① 即除了“自由主义女权主义传播研究”之外的其他流派的女权主义传播研究。

② 由于女权主义认识论最早被应用于传播学研究是关注“媒介的性别呈现”以及“女性作为主体对于媒介的参与”的,因此,女权主义媒介批评是最早的批判性的女权主义传播研究的一个组成部分。

③ 这里需要说明的是,性别传播研究只与一种女权主义传播研究属于不同研究范式,就是自由主义女权主义传播研究。因为这个研究领域仍是以自由主义、传播学的理论体系为基础框架的,并没有认同社会性别作为一种理论资源,成为交叉研究的主体。其他流派的女权主义传播研究与性别传播研究属于同一研究范式。

方法论、理论体系及其认同框架,它仅将性别差异与性别平等的视角加入已有的研究框架范式;当作为一种批判性的认识论的代表时,社会性别会对其他研究范畴进行结构性的颠覆与重建。因此,只有强调女权主义学术立场、女权主义认识论的社会性别研究才能保障在交叉研究中凸显社会性别的理论主体地位。

学者们曾经认为,包括众多女权主义理论内涵的社会性别理论①能否在传播学中被广泛应用是“性别传播研究”作为独立研究范畴被确立下来的标志。

传播学研究对于社会性别理论的关注始于传播学期刊对于女权主义研究的兴趣。《大众传播的批判研究》(*Critical Studies in Mass Communication*)在 1984 年 3 月第 1 期的编辑寄语中明确地表示了对于包括女权主义在内的各种“创新研究”的支持:“欢迎来自法兰克福学派、批判哲学、政治经济学、修辞和媒介批评、文学理论、符号学、女权主义、文化研究和实用主义的文章,欢迎所有与众不同的方法论研究。”根据玛奇拉·安迪佐尼(Mechela Ardizzoni)对这份杂志从 1984 年至 1996 年发表的文章进行的统计,12 年间只有 5 篇文章探讨了传播研究中的女权主义理论。在这 5 篇文章中,只有史蒂文斯(Steeves H. L.)的《女权主义理论与媒介研究》(*Feminist Thoeries and Media Studies*)提供了相对详尽的阐释,其他 4 篇都只出现在《评论与批评》(*Review and Criticism*)栏目中,且都只用了非常简练的篇幅概述了与其他研究所不同的新观点。②

---

① 女权主义理论并不完全等同于社会性别理论。“社会性别”最初只是作为一个分类概念而出现,直到后来才发展成一种理论范畴。“女权主义理论”是各种流派女权主义具体理论的总称,在“社会性别”发展出理论认识框架的内涵之后,各种各样的女权主义理论才开始被纳入“社会性别理论”这一总体范畴。

② ARDIZZONI M. Feminist Contribution to Communication Studies:Past and Present[J]. Journal of Communication Inquiry,1998,22(3):296.

因此,致力于推动“性别传播研究”的学者认识到,在传播学研究中仅“关注”性别议题的研究是凸显不了性别传播研究所挑战的理论问题的,必须针对性别传播研究/女权主义传播研究本身,摸索其独特的研究模式与研究方法。

美国爱荷华大学一个研究小组在《传播学刊》(*Journal of Communicaiton Inquiry*)上首先提出了要重视“女权主义传播研究”的价值问题。在该期刊的《女权主义议题》(*Feminist Issue*)专栏中,这个研究小组注意到,“几乎没有任何一种模式能够联结女权主义与传播学研究,因为长久以来,传播学研究非常忽视女权主义理论,而女权主义理论也非常忽视与传播学研究的结合”①。

1986 年,女权主义传播研究开始形成一种固定化的批判研究潮流。在这一年,“女权主义学术开始缓慢但稳定地扎根于传播学研究之中。但整体看来,女权主义理论对于传播学现象与传播学学术的忽视仍然没有突破性的进展”②。

究其原因,“一方面是女权主义学术对于传播学或媒介研究来说,缺乏更深入的了解。比如电视是晚期资本主义发展过程中最主要的公众媒体,相对而言,歌剧和剧院在文化和经济方面的影响要弱得多。但女权主义学者们复制了其对文学研究的套路,使得女权主义学术对传播学研究没有及时抓住重点,导致女权主义学术在阐释媒介现象和传播问题时,迟迟没有击中核心。另一方面,女权主义传播研究总在强调女性意识的提升。的确,女性意识的提升对于改善传播生态是必要的,但过度强调势必会模糊焦点。在提升性别意识的教育或宣传

① MCLAUGHLIN L. Feminist Communication Scholarship and“The Women Question”in the Academy[J]. Communication Theory,1995,5(5):153.

② MCLAUGHLIN L. Feminist Communication Scholarship and“The Women Question”in the Academy[J]. Communication Theory,1995,5(5):154.

中，人们更多注意到男女两性的差别和二元论的问题，而没有关注女权主义学术作为主导交叉研究的话语的重要性。”①

1987年，史蒂文斯提出要打破女权主义研究和媒介研究、传播学研究之间泾渭分明的研究边界，从女权主义研究方法和研究立场来重新认识和开展研究。更多的学者也开始认识到：“女权主义既在学科之内，又超越于学科，同时，它还具有反学科的属性。（the singular position of feminism——‘in，across，and against the disciplines.’）”②。

自此，性别传播研究确立了其研究立场与出发点——不在于强调传播学研究如何加入社会性别议题，而在于强调传播学研究如何结合女权主义研究方法论：“女权主义传播研究应该是交叉学科在方法论上进行革命性突破的一个典范。”③它不该囿于传播学既有的学术体系与学术边界，而应该从女权主义认识论的角度反省传播学研究的偏见与盲点，从结构上重新构造一个属于女权主义传播研究的新范式。

关于以女权主义认识论为基础的社会性别理论对于传播学研究的影响，专门的研究可见玛奇拉·安迪佐尼的《女权主义对于传播学研究的贡献：过去与现在》。④ 该文指出：“‘性别’不像‘阶级’（class），是一个固定所指的范畴，‘性别’不仅仅意味着男和女，它意味着多样性（variable）。因此，忽视性别研究的主导地位，将损害所有相关研究的全面与深入。女权主义的理论及议题长期被传统传播学

① MCLAUGHLIN L. Feminist Communication Scholarship and“The Women Question”in the Academy[J]. Communication Theory，1995，5(5)：154-157.

② MCLAUGHLIN L. Feminist Communication Scholarship and“The Women Question”in the Academy[J]. Communication Theory，1995，5(5)：158.

③ SCHUSTER M R，DUBOIS E C，KELLY G P，et al. Feminist Scholarship：Kindling in the Groves of Academe[J]. Signs Journal of Women in Culture & Society，1987，59(1)：94.

④ ARDIZZONI M. Feminist Contribution to Communication Studies：Past and Present[J]. Journal of Communication Inquiry，1998，22(3)：293.

研究定型化的范式所忽视。可以肯定的是,离开了女权主义认识论,传播学研究是无法被理论化和完整理解的。……正是出于全面阐释文化及社会实践的需要,女权主义学术与传播学研究结合起来,形成了一个不可分割的话语资源,即女权主义传播研究。”

无论是性别传播研究还是女权主义传播研究,尽管都在探讨媒介呈现性别议题的情况、女性参与媒体实践的情况、女性媒介的发展状况等,但是女权主义传播研究和性别传播研究,不仅要呈现出这些研究领域内现存的问题,更在于揭橥支持这些问题长期存在的制度,包括语言制度、文化制度、媒介生态、权力关系等是如何运作的以及如何与其他话语资源互动甚至“合谋”的。

性别传播研究和女权主义传播研究均揭示出,规避某些类型化的媒介呈现(如消费女性的身体意象、抨击对女性家庭主妇角色的模式化塑造等)、利用倾斜性政策使女性得到更多参与媒体的机会(如为女性购买必要的电子设备、培训她们操作电脑等)、在媒体中增加女性管理者权重(如强调女性从业者的数量、强调女性管理者的比例)等,对于推动性别平等这些实践目标,尽管短期看起来很有成效,但是并不必然带来真正意义上两性平等的常态化与制度化。

性别传播研究和女权主义传播研究的理论立场都是在社会性别和女权主义学术对传播学研究的不断介入中逐渐发展起来的。“女权主义对于传播学的介入主要采用‘质询’的模式,即质询传播学学术研究的边界问题,并由此重新组织性别与传播跨学科研究的范畴。由于各种交叉视角在传播学研究内部的崛起,女权主义也逐渐被传播学所接纳。一种研究女性、为了女性的模式逐渐在传播学研究中定型下来,但是,最该受到重视的却往往被传播学研究忽略了,那就是女权主义学术对自身学科边界的反省,以及带来的传播学学科体系的自省。因此，相当多的研究没有抓住性别与传播交叉研究的真谛。"①

对于性别传播研究以及女权主义传播研究而言，强调在媒介与传播中加入"女性"只是权宜之计，不能狭隘地将社会性别等同于女性(women)。真正可行的策略是，"认识到社会性别意味着多样化(variable)，它要与多样化的语境、多样化的评价指标(比如阶层、种族、性倾向、语言习惯、文化规约)相互结合，共同作用于对传播学研究范式的反思"②。

莱娜·F. 瑞寇(Lana F. Rakow)和劳拉·A. 瓦克维斯(Laura A. Wackwitz)编著的论文集《性别传播理论》(*Feminist Communication Theory*)是以社会性别为理论主体的性别传播研究的经典文献之一。两位作者提出，"女权主义传播理论"(feminist communication theory)应该致力于达成这样的目标：在多元化的学术语境中，来自女权主义理论家们所挑战和拒不服从(repudiates)于传统③传播学理论的立场和实践应该有一席之地，应该建立一种认同并强调差异及其各自价值的认识论和学术框架；让更多的非女权主义研究的学者和工作者都能看到女权主义理论对传播现实阐释的力度、女权主义学术对社会推动的力量，同时，这些读者在自己的研究或实践中也能自觉运用女权主义理论知识与方法。

两位作者在该书的写作过程中采用了全新的研究框架，可谓"以社会性别理论为基础认同的一次跨学科实践"。她们从女权主义研究

---

① MCLAUGHLIN L. Feminist Communication Scholarship and "The Women Question" in the Academy[J]. Communication Theory, 1995, 5(5): 144-148.

② ARDIZZONI M. Feminist Contribution to Communication Studies: Past and Present[J]. Journal of Communication Inquiry, 1998, 22(3): 303.

③ 此处的"传统"是指二元对立的、缺乏性别意识的观念。

范畴内择取了三个关键词——差异(difference)、声音(voice)、再现(representation),形成了一个概念性的理论框架(conceptual framework),以此阐释和建构女权主义传播理论的核心观点,总结女权主义学术中已经出现的研究模式(patterns),阐释和重新界定传播学研究中通常被忽视、被拒绝的学术范畴(categories)。

这本论文集强化了传播学研究中女权主义认识论和社会性别视角的重要性,批判了传统上将忽视性别立场视为"正常"的传播学理论范式,探索性地为通常在学术规制中被视为"异端"的女权主义理论知识规划了一个与其他学科相互融合且不失其主体性的范本。

以社会性别研究为理论主体的性别传播研究注重于研究这样的议题,即在女权主义的发展历史中,梳理其对传播学研究所产生的理论影响。

例如,夏洛特·克罗克(Charlotte Kroløkke)和安·斯科特·索伦森(Anne Scott Sørensen.)合著的《性别传播理论与实践》(*Gender Communication Theories & Analyses*),呈现了三次女权主义浪潮对社会、政治、学术体系带来的影响和新视野①,以及结构主义和后结构主义对性别与传播交叉研究的理论影响,重点论证了女权主义传播理论的价值。此外,该书还探讨了在传统的传播学研究中性别话语的不足和控制(deficit and dominance)问题,差异和身份政治话语(discourses of difference & identity)问题,性别及其表现(Perfomance)话语与传播学研究的关系问题,如酷儿理论的传播(Queer Communication)研究等,从而对社会性别理论在传播学研究范式中从沉默到表现、从作为构成

① 第一次女权主义浪潮使女性拥有了投票权(votes for women),第二次女权主义浪潮强调了"个人的即政治的"(the personal is political)论断,第三次女权主义浪潮带来了一种介入和交叉一切领域的政治(transversal politics),目前,正处于性别作为一种分析范畴介入和交叉一切领域的时期(transversity)。

要素到实现主体影响进行了论证。通过梳理社会性别理论对传播学研究的影响,可以管窥社会性别介入其他研究领域且与其他研究领域相交叉后所展现出的特性(Transversity)。[①]

(二)特色与挑战

社会性别研究有其特殊的方法论和认识论,它强调女性的主体地位,强调知识的无性别差异和等级评价,强调对女性经验的认同,强调对自身知识结构和研究局限的解构与批判。这些特征与其他学科传统的研究范式有着根本的不同。因此,以社会性别研究为理论主体,意味着"性别传播研究"并不是简单地将社会性别和传播学研究的两种知识系统相互拼贴和叠加,而是尊重各自的立场、理论与研究范畴的一种跨学科研究实践。在这一范式下所形成的"性别传播研究"中的"性别"与"传播"已经不是立足于两个方法论上的研究,而是女权主义的解构性特征与批判主义传播学所坚持的立场和范式相融合,成为"性别传播研究"所呈现出的独特属性的理论视角和研究方法,并有其专有的、相对独立的历史发展逻辑与学理化的学术定位。

这一类研究范式所面对的"挑战"在于,首先,由于性别研究的批判性和解构性特征,性别理论自身即缺乏严密的体系(这也是社会性别研究的独特性所在),因此,性别传播研究和女权主义传播研究的理论体系,势必区别于传统意义上那些相对封闭、稳定的学术/学科体系,而呈现出动态性、变化性及不可预测性的特征。打个不恰当的比方,这种研究就像风一样,它没有固定的形态,但是能够在某些特定的

① KROLØKKE C,SØRENSEN A S. Gender Communication Theories and Analyses:From Silence to Performance[M]. Thousand Oaks:Sage Publications,2006.

情境下呈现出相对稳定的特殊风貌,这些风貌就是它的标志,然而这些标志又不等同于它自身的全部特征。

其次,正如玛奇拉·安迪佐尼所说:“女权主义传播研究所面临的最大挑战是,一方面要与所有各形各异的理论立场保持对话,另一方面要坚守女权主义的政治立场与实践努力。”[①]丽莎·麦可罗琳(Lisa McLaughlin)也认为,“女权主义传播研究者希望借助女权主义理论,使传播学研究更开放、在学科体系上更自省。但,现实问题是,‘开放’与‘学科体系’本身就是相当不协调的。由于女权主义认识论拒绝与其他传统学科体系妥协,所以强调女权主义认识论的女权主义传播研究,可能面临三重险境,即在传播学研究中、在妇女研究中、在整个交叉学科研究中,都将被置于边缘地带”[②]。因而,在学术乃至实践的探索方面,这一类研究范式的推进难度仍然很大。

最后,毋庸讳言,女权主义学术在整个学术体系中的位置是不稳定的、“危险的”,相当多的传播学者将女权主义视为一种“特殊的兴趣”。[③] “包括传统学术领域,比如历史学、社会学、哲学、政治学、文学批评等,对于妇女研究项目的接受都是非常缓慢的。”[④]“大部分女权主义传播理论研究通常出现在一些主流刊物的特殊议题中,或者被纳入专有的女权主义出版物中,比如 *Signs* 和 *Feminist Studies*。必须打破将女权主义议题隔离在各种传播研究之外的局面,要认识到由女权主义所倡导的对权力关系的批判价值,是女权主义传播研究能够发展下

---

① ARDIZZONI M. Feminist Contribution to Communication Studies:Past and Present[J]. Journal of Communication Inquiry,1998,22(3):301.

② MCLAUGHLIN L. Feminist Communication Scholarship and“The Women Question”in the Academy[J]. Communication Theory,1995,5(5):152.

③ MCLAUGHLIN L. Feminist Communication Scholarship and“The Women Question”in the Academy[J]. Communication Theory,1995,5(5):144-161.

④ MCLAUGHLIN L. Feminist Communication Scholarship and“The Women Question”in the Academy[J]. Communication Theory,1995,5(5):148.

去的关键。”①

由此可见,以社会性别为理论主体的研究范式及与其相关的研究范畴要被普遍接受并得到长足发展,仍需漫长的努力。

三、本节小结

“性别与传播研究”所采纳的范式由于其“体制内”研究的特性得到了传播学甚至社会科学的普遍认同。几十年过去了,性别与传播研究已经发展成一个相对成熟的研究领域并系统地进入了美国学术界。

但是,性别不均衡的问题在媒介呈现中依然根深蒂固,在传播各个环节中,为女性赋权的进程依然艰难。女权主义研究者开始反思性别在交叉研究中的独立性及主体性的问题,从而引发了“性别传播研究”所采纳的研究范式的思考和争议。可以说,“性别传播研究”的研究范式既是“社会性别”概念衍生出批判性的理论内涵之后对所有与社会性别相关的跨学科研究进行的范式自省的结果,也是“性别与传播研究”的范式在现实发展中遇挫的结果。

本章小结

通过分析性别与传播交叉研究的范式分类原则,明确不同研究范畴所基于的认识论基础以及如何分配核心概念的主体关系,成为选择

① ARDIZZONI M. Feminist Contribution to Communication Studies:Past and Present[J]. Journal of Communication Inquiry,1998,22(3):301.

相应的研究范式的基本评判指标。

事实上,无论是性别传播研究的范式还是性别与传播研究的范式,都有其各自的发展历史、优势、挑战与现实影响,并不能够用其中一个范式取代另外一个范式。

在学科融合的背景下,随着多元研究领域的进一步融合,性别传播研究发展出"Transversity"的研究策略,因而在研究范式上也更进一步破除了二元论思维的禁锢,即并没有简单地颠倒社会性别研究与传播学研究"中心"与"边缘"的位置,而是在保持女权主义研究立场的前提下,使社会性别理论成为不同学科之间的纽带,使其他学科原有的研究实现"理论增值",发展出更具批判性的新知识。这正是性别传播研究在认识论层面的研究范式的特色及其所带来的深远的理论贡献。

第五章
性别传播研究在本体论和方法论层面的范式特征

作为学术概念的“本体论”,是德国学者高克兰纽斯(Goclenius)于1613年在他主编的《哲学词典》中提出来的。本体论的拉丁文是“ontologia”,本体论被译为“有论”“是论”或“存在论”。本体论研究致力于追寻人生的本原和生活的意义。① 从哲学上讲,本体论就是关于对象(世界)的本源(构成)的学说。② 本体论主要探讨存在本身及一切现实事物的基本特征。③

所谓“方法论”,是关于研究应当如何操作或者如何开展的一种理论和分析方法,包括基本理论框架如何在某一学科中加以应用这方面的内容。例如,有关功能主义(马克思主义政治经济学或者现象学)应当以及如何在某一特定学科领域得到运用等方面的讨论,实际上就是

① 臧峰宇. 本体论的历史形态与当代视界[J]. 理论与现代化,2012(1):79-83.

② 李少鹏. 镜与灯:文本与读者——现象学与文学批评[J]. 北方文学,1989(2). 另见苏宏斌. 何谓“本体”?——文学本体论研究中的概念辨析之一[J]. 东方丛刊,2006(1):141.

③ 本体论译自英文 ontology,又译存在论、存有论,是形而上学的一个基本分支,ontology 是来源于希腊语单词 ον(存有)和 λόγος(科学、研究、理论)的组合。本体论主要探讨存有本身,即一切现实事物的基本特征。见维基百科. 本体论[EB/OL]. [2010-08-30]. http://zh.wikipedia.org/wiki/%E6%9C%AC%E4%BD%93%E8%AE%BA_(%E5%93%B2%E5%AD%A6).

方法论分析。①

换句话说，"本体论"所提出的基本问题是关于现实的本质以及世界中的人类的本质。"方法论"关注的是获得关于世界的知识的最佳途径。②

把握性别传播研究在本体论与方法论层面的范式特征，首先需要回答"什么是性别传播研究""怎样开展性别传播研究"等一系列问题，即厘清"性别传播研究"的基本内涵、研究取向与研究程序等核心问题。

在明确了性别传播研究、性别与传播研究各自在认识论层面的范式特征之后，本章将梳理"性别传播研究"的双重本体的差异，并呈现不同的本体各自所代表的研究取向，提炼性别传播研究在方法论层面的三个基本范式特征。

第一节　性别传播研究在本体论层面的范式特征

性别传播研究（Gender Communication Studies）是以女权主义认识论为主体研究框架的一个跨学科研究范畴。自 20 世纪 70 年代发展至今，该研究已经成为一种将社会性别理论对传播学研究进行"理论增值"的研究取向的代表。

不过，在当今学术界，由于"社会性别"是作为一个人口学分类指

① 孙中欣，张莉莉. 女性主义研究方法[M]. 上海：复旦大学出版社，2007：20.
② 邓津，林肯. 定性研究：方法论基础[M]. 风笑天，译. 重庆：重庆大学出版社，2007：169.

标,还是作为一个有效的理论分析范畴存在着不同的看法,导致学界对性别传播研究的本体及研究取向存在着含混与歧义。

例如,作者在《性别与传播》①一文的中文摘要里使用了“性别传播”这个术语,在正文中使用的是“性别与传播”;在英文摘要中使用的是“女权主义媒介研究”(feminist media studies)。同一篇文献却出现了三个专有术语相互指代的情况,如何来解释这一现象——是作者笔误,还是三个名词之间并没有本质的差别?

相对而言,在国外正统的传播学或社会学的研究文献中,亦鲜有文章专门论及性别传播(Gender Communication)与女性主义传播(Feminist Communication)以及性别与传播(Gender and Communication)这三者之间的关系。毕竟,大部分传播学研究的学者们无意于运用女权主义学术立场以及认识论结构来对传统的传播学认知体系展开一场颠覆性的革命。在很大程度上,许多人对“女权主义认识论和方法论”是否具有“科学性”还抱有怀疑的态度。

在这样的背景下,对性别传播研究的本体进行辨析,实质上是厘清不同的研究范畴在命名上所折射出的不同认识论基础认同。唯有明确性别传播研究的基本内涵和研究取向,才能够凸显性别传播研究对社会性别、媒介与传播学的交叉研究在研究范式上所做出的理论推进。

历史地来看,“性别传播研究”(Gender Communication Studies)的“本体”在知识论的不断发展与更新中逐渐衍生出两种不同的研究立场与研究路径。

---

① 陈阳.性别与传播[J].国际新闻界,2001(1):59-64.

一、从“性别传播研究”到“性别与传播研究”:“性别化”的传播研究

社会性别在介入其他学科和整个知识系统时,为了描述和说明某个事物的社会性别状况而衍生出“性别化”(Gendered)这个操作框架。在具体的研究过程中,“性别化”被作为一个动词来使用,用来说明某事物如何呈现、实践社会性别。

当社会性别视角以及女权主义理论刚开始被引入传播学研究时,前者还没有真正地融会贯通到传播学的研究体系中,因此只是形成了一股对传播学进行“性别化”研究的潮流。这类研究在研究范畴的命名上采用了“性别传播研究”这一术语,实际上指的是“性别化的传播研究”。

也就是说,这一类研究并没有运用某些具体的女权主义理论来阐释传播学研究中的性别议题,而是通过分析男女两性在传播语言、传播关系、传播内容、传播方式等方面存在的不平等现象全面地梳理传统的传播学研究中普遍存在的性别差异与性别歧视,强化在传播学研究中加入社会性别视角的重要性。

从20世纪70年代至21世纪初,这样一种以“性别传播研究”(Gender Communication Studies)命名的研究实际上遵循的是以传统的传播学研究体系为主、以社会性别为辅助性研究视角的研究取向。这种研究取向的特点是,其研究的目的是对传播学的不同研究对象的社会性别状况进行描述,为传播学不同研究对象所实践的社会性别的差异找到原因。简言之,这类“性别传播研究”的最终目标是发现传播学研究中存在着的性别差别,并提供相应的阐释。因此,这类“性别传播研究”与后来明确命名的“性别与传播研究”其实

是同类研究。

概括而言,这类研究在针对传播语言、传播组织与媒体、媒介内容等议题而展开的"性别化"研究中取得了显著的进展。

(一)传播语言的性别化研究

美国传播学领域的学者小约翰在其所编著的《人类传播理论》(*Theories of Human Communication*)一书中,思考了传播学研究与社会性别研究的关系,以及二者如何相互融合且融合之后将产生怎样的思想成果等一系列问题。尽管他没有提出更多系统的观点,不过,他赞同社会性别研究的本质是"探寻社会中性别意义的研究",其研究目的在于"揭示这个性别化分割的世界的力量与局限性"[①]。因此,他在该书中收录了"无声群体理论"和"男权的全域",展现了性别化的传播研究在语言学方面的新发现。

"无声群体理论"和"男权的全域"都旨在揭示传播关系中男女两性在语言表达方式和话语权力上存在着等级差异的事实,并且提出这种人为的、压迫性的差异是由父权制所决定的观点。

(二)传播组织及媒体的性别化研究

美国学者朱丽亚·T. 伍德(Julia T. Wood)是北卡罗来纳大学教堂山分校人类学以及传播研究的教授,致力于人际关系、媒介模仿与暴力、女权主义理论以及性别、传播与文化的交叉研究。在其《性别化的人生》(*Gendered Lives*)中,伍德用两个章节专门论述了"性别化的组织传播"和"性别化的媒体"。在"性别化的组织传播"中,伍德提出媒体的职业生活中贯彻的是男权标准,因此会导致人们在认知上存在普遍

---

① 小约翰. 传播理论[M]. 陈德民,等译. 北京:中国社会科学出版社,1999:424-425.

的偏差，包括想当然地认为主管都是男性；男性与女性的传播风格有着根本的差异，并且不会发生改变；[①]男性与女性合作上存在障碍；等等。[②] 在“性别化的媒体”中，伍德首先指出了媒介形象的塑造有两个要点：第一，当今的媒体为我们同时提供了传统和非传统的性别描写；第二，在“新”的女性和男性形象下隐藏着许多“旧”的性别观念。[③] 伍德归纳了媒体会通过以下三种方式隐蔽地影响受众对自己作为男人或女人的理解：第一，媒体无限延长对非现实的“理想男女”的表现；第二，媒体使人尤其是女性的身体病理化，迫使人们把正常的身体素质和功能视为不正常，并不断地寻求医治办法；第三，在媒体产品中存在着大量将对女性施暴视为正常的内容，使得男性渐渐相信他们被赋予了虐待女性或强迫女性从事性活动的权力，而且使得女性认为这些侵害可以被接受。[④] 总之，伍德的研究强化了在传播组织结构研究和媒介研究中加入社会性别的评价指标和研究视角的价值。

（三）媒介内容的性别化研究

对媒介内容进行的性别化研究，比较著名的案例是关于广告中女性形象呈现的内容分析，该成果是由美国全国妇女组织完成的，其主要结论发表在《纽约时报》上。该研究对长达 18 个月内、1200 多个商业广告进行了编码分析，结果发现，超过 1/3 的广告将女性呈现为依赖男性的“家庭管理员”，近一半的广告将女性描绘为家庭里的“主

① 一般而言，女性主张通过交流去创建和维持人际关系并对他人做出反应，而男性强调通过交流去表达独立和地位，但实际上，男女的传播都是后天习得的，也是可以改变的。

② 伍德．性别化的人生［M］．徐俊，尚文鹏，译．广州：暨南大学出版社，2005：171-172.

③ 伍德．性别化的人生［M］．徐俊，尚文鹏，译．广州：暨南大学出版社，2005：185.

④ 伍德．性别化的人生［M］．徐俊，尚文鹏，译．广州：暨南大学出版社，2005：202.

妇”形象。这项研究的结论是,许多女性的媒介角色实质上是“有装饰性的物体”或“不聪明的摆设”。

在20世纪80年代,这一类研究的热点转向媒体与女性生活的建构关系研究,包括《女性版面编辑:性别是否造成差异?》①《女性与大众传媒》②③《家庭主妇与大众传媒》④等。

20世纪90年代起,伴随着女权主义认识论和方法论在学术界引起的热点讨论与广大反响,对传播现象进行“性别化”研究的这一类研究取向被明确为“性别与传播研究”(Gender and Communication Studies)——将社会性别的视角引入传播学“5W”,对传播者、受众、媒介、传播内容、传播效果展开“性别化”的研究,描绘并阐释这些研究范畴内存在的性别差异及其原因。

总体来看,这一研究取向的“性别传播研究”的研究宗旨始终都是“发现差异并分析原因”,最多涉及对传播学中所缺失的性别视角和性别敏感的批判,但归根到底,这种研究取向立足于对传播学研究进行社会性别视角下的“改良”式批判,并不是用女权主义理论或社会性别的研究框架来“改革”传播学研究。

此外,这种研究取向有着无法回避的缺陷,并未深究以下这些问题:男性和女性在传播中的差异是“根本性的”还是“建构性的”?这些差异只是因为男女在社交中使用不同的沟通策略吗?哪一种风格或策略在我们的文化背景下更有效?发现并阐释传播中存在着性别

---

① MERRIT S, GROSS H. Women's page/life style editors: does sex make a difference? [J]. Journalism Quarterly, 1978, 55(3): 508-514.

② BUTLER M, PAISLEY W. Women and Mass Media: Resourcebook for Research and Action [M]. New York: Hasting Hourse, 1980.

③ GALLAGHER M. Unequal Opportunities: the Case of women and the media [M]. Paris: Unesco, 1981.

④ HOBSON D. Housewives and the mass media [M]//HALL S, HOBSON D, LOWE A. Culture, Media, Language. London: Hutchinson, 1980: 105-144.

差异能引发什么有意义的改变？若要改变女性在传播中遭遇的不平等应该向男性的标准“看齐”吗？

在传播研究中，造成差异的不仅在于性别，还与其他很多复杂的因素（如阶层、受教育程度、人际网络、社会资源占有情况等）有着密切的关系，单一分析男性与女性在传播中的差异，从方法论的角度来说并不严谨。显然，这类“性别传播研究”无法解决传播中性别不平等的实质问题。

二、从“女权主义媒介批评”到“性别传播研究”：新的研究框架与立场

当“性别传播研究”对传播学进行“性别化”分析的研究取向逐渐固定为“性别与传播研究”之时，另外一种“性别传播研究”的本体及研究取向也同步发展起来，这就是从社会性别研究框架与批判立场出发，重新审视传播学研究传统的“女权主义媒介批评”。

（一）女权主义学术与传播学批判学派的结合

受女权主义运动与学术的影响，如何在媒介呈现中更好地贯彻性别平等理念，成为20世纪中后期女权主义学术介入传播学研究的核心议题。这一时期的女权主义学术不满于只分析“媒介呈现了什么样的社会性别现实”以及“为何存在着这样的媒介产品”，而意欲探索“媒介怎样呈现，甚至是如何制造、复现了不平等的社会性别现实”的深层原因。这类研究的目的不再满足于在现有媒介生态的基础上提供“改善性”的建议，而在于超越现有媒介生态，并对整个传播机制提出“改革性”的批判与建议。

为了实现这一目标，传播学批判学派与女权主义学术展开了对话

与结合,推动了"女权主义媒介批评"(Feminist Media Critics)的产生与发展。

从传播学研究史来看,由传播学四大奠基人拉扎斯菲尔德、拉斯维尔、勒温、霍夫兰和传播学集大成者施拉姆所确立和发展起来的主流传播学研究,是一种不触动现行传播体制的实用主义的研究,这种被称为"传统学派"或"行政学派"的研究,是注重研究传播的内容、传播效果的"体制内"的研究。

由法兰克福学派、文化研究和政治经济学派等推动的传播学流派被称为"批判学派",这一学派往往将传播置于社会政治经济的背景之下,注重研究传播与社会、传播与多元文化的互动及制约的规律,对传播体制提出更为宏观的批判。与传统学派相比,批判学派遵循的是一种"体制外"的研究取向。

1941 年,为了回应霍克海默的《传统的和批判的理论》(1937)一文(此文奠定了法兰克福学派的主旨、方向以及学术名称的基础),拉扎斯菲尔德写下了《评行政的和批判的传播研究》一文,提议在"美国传播研究"名下应该囊括的不仅是他自己的"行政的传播研究",而且应该有批判的理论。① 实际上,从 20 世纪 30 年代开始,美国批判学派就与经验主义纠缠在一起,传播学集大成者施拉姆在 60 年代评价说,美国批判学派"人数虽少","却很有权威"。②

女权主义学术除自由主义女权主义流派比较倾向于进行"体制内改良研究"之外,其他流派的女权主义学术基本上认同"体制外改革性研究",因此和传播学批判学派的研究立场与研究路径不谋而合。"作为一种新兴的媒介批评类别,女权主义媒介批评鲜明地表现出对大众

① 罗杰斯. 传播学史[M]. 上海:上海译文出版社,2002:297.
② 施拉姆. 传播学概论[M]. 北京:新华出版社,1984:195.

传媒中展现出的性别成规和惯例的批判态度。女权主义者们纷纷从性别权力结构观点出发,对大众传媒中所表现出的与女性有着特殊关系的文本加以分析,从中发现了女性在社会中所处的独特位置,并探寻出构成这样一种文本的内在机制。"①

基于相同的研究立场,女权主义学术与传播学的批判学派相互结合,形成了批判性的性别传播研究取向,这最初主要针对媒介研究领域的性别批判研究,因此也叫作"女权主义媒介批评"。这一研究范畴注重在社会性别的视角之下阐释媒介与整体社会结构的关系,以及意识形态效果的运作机制与规律。研究的对象不限于男女两性,而是延伸到对不同权力阶层之间社会关系的结构与属性的深入批判。

(二)女权主义媒介批评注重定性研究方法的使用

与传播学传统学派相对,在研究方法的使用上,定量研究一直占主导地位。这种方法通过调查和实验来收集事实,而且往往依据既定的研究框架和收集的事实数据对假说进行推论和证实。

女权主义研究者们注意到,定量研究方法自身存在很大的性别盲点。例如,应用最为广泛的内容分析法,往往忽视对媒介文本的深层意义进行阐释,而满足于在统计中得出一个相对稳妥的平面式的结论,从而可能会使这个结论在媒介商业的操作中被利用和篡改。例如,"权利""选择""自由"等这些女权主义所倡导的概念被用在一些广告中,这些概念原本的含义会被隐蔽地置换为鼓励女性保持消费的习惯,如此一来,原本具有政治意义的概念在广告中就被篡改和利用了。如果只运用内容分析法,则无法阐述

---

① 潘知常,林玮. 传媒批判理论[M]. 北京:新华出版社,2002:257.

这一置换是如何发生的。①

因此,女权主义媒介研究注重发现定性研究的价值与适用性。尽管与定量研究一样,定性研究属于实证研究的范畴,都是用来收集和加工整理事实的方法,但是定性研究的目的是了解人们在何种情境下建构了何种事实,也就是说,与单纯的量化事实相比,定性研究更注重对事实背后深层含义的描述与阐释。

此外,与定量研究相比,定性研究更强调"当事人的视角",其包含三层含义:

第一,定性研究提出的问题不仅对研究者也必须对被研究者有实际的意义,或者为他/她们关心的问题,即强调研究者要理解"当事人"的"文化本位"意义;

第二,研究者要进入并长期在研究现场体验生活,试图从被研究者的视角理解他们行为的意义和他们对事物的看法;

第三,研究所建构的概念框架并非如定量研究一样,是事先确定的,而是作为一种研究指导,要在与研究对象访谈、参与性观察或实物分析中产生。研究者本身也被纳入研究过程,与被研究者形成一种互动关系,但在定量研究中,研究者通常是研究现场的局外人,与研究对象保持一定距离,以求达到"客观"或价值中立。②

定性研究"重视当事人视角"的这种特性,与女权主义"打破性别隔离""建立女性成为主体的机制""重构中心与边缘的价值观"的立场不谋而合。

基于此,除了调查法和内容分析法这样的定量研究方法之外,符号分析、文本分析、话语分析等定性研究方法也广泛地应用于媒介呈

---

① 潘知常,林玮. 传媒批判理论[M]. 北京:新华出版社,2002:262.

② 卜卫. 方法论的选择:定性还是定量[J]. 国际新闻界,1997(5):50.

现、媒介意识形态编码与受众解码关系的研究之中。

在这样的背景下，“女权主义媒介批评”超越了实为“性别与传播研究”但被命名为“性别传播研究”所惯常使用的研究范式：女权主义媒介批评强调以女权主义认识论和研究框架为主体，解构性地认知和阐释传播学的不同研究层面，并逐步发展出女权主义的媒介研究、女权主义的传播者研究、女权主义的受众研究、女权主义的媒介内容研究、女权主义的传播效果研究等不同的研究范畴。

（三）女权主义媒介批评注重女性主体经验立场与体制性批判

女权主义媒介批评呈现出媒介的功能不仅仅在于反映现实。如果用后结构主义女权主义的框架来分析媒介可知，媒介实际上也参与了对现实的建构。媒介的议程设置中不可避免地会涉及性别因素以及对性别的呈现，因而，媒介呈现的性别形象、性别角色、性别关系，与其说是“真实的事实”，不如说是媒介主动参与“制造的性别”。

塞雷萨·德·劳雷提斯（Theresa de Lauretis）提出，电影、电视和杂志这样的媒介，本质上来说都是“性别制造的工具”（当然媒介同时是制造民族、阶级和其他不同身份要素的工具）。在这个意义上，媒介对性别的呈现就是对性别的建构。

因此，女权主义媒介批评的问题意识和研究目标不仅在于研究媒介呈现了什么样的社会性别现实，更在于探讨如何改变媒介呈现中的性别不平等的策略。因而，媒介呈现的女权主义研究更倾向于对“媒介制造”背后的主导意识形态和媒介维护、复制、强化压迫性的意识形态的媒介制播机制展开批判。

与那些止步于“发现与描述式”的“媒介中的性别歧视研究”（Sexism in the Media)不同,盖伊 · 塔奇曼(Gaye Tuchman)等人编著的《壁炉与家庭:大众媒体中的女性形象》(*Hearth and home*:*Images of Women in the Mass Media*)①对于"性别传播研究"具有里程碑式的意义。因为在整个 20 世纪 70 年代,占统治及主流地位的(被命名为)"性别传播研究"(实为"性别与传播研究")取向,一直有限度地将社会性别视角引入传播学和媒介研究的"性别化的传播研究",也就是后来为传播学研究与实践所广泛接受的"性别与传播研究"的这种本体及取向。从这本著作开始,出现了从女权主义研究立场出发,深入阐释与批判媒介呈现性别形象的研究。性别传播研究的重点不再仅着眼于媒介呈现中存在的性别问题,而更在于挑战并揭露隐蔽在媒介呈现背后的、建构性的意识形态与媒介机制。

1989 年,出现了运用女权主义立场理论全面检讨社会性别研究如何挑战传统传播学的研究价值观的著作,即帕梅拉 · J. 格里顿(Pamela J. Creedon)编著的《传播中的女性:挑战性别价值观》(*Women in Mass Communication*:*Challenging Gender Values*)。该书的理论意义在于,一方面明确了除"性别化的传播研究"模式之外,需要发展新的研究模式,以扩展性别与传播的交叉研究的深度;另一方面论证了以女权主义的价值观与方法论为基础的"社会性别"是分析传统传播学中的性别议题的一个有效的范畴。

该书在 1993 年第 2 版中,增加了从女权主义研究框架出发,重新认识大众传播教育中的性别偏差与歧视的内容。该书提出,应该彻底质疑现有的男权意识形态下所谓的"价值中立""公/私二分""主/客观二分""男/女二分"的新闻实践与价值评判标准,改用女权主义观

① TUCHMAN G,DANIELS A K,BENET J. Hearth and Home:Image of Women in the Mass Media[M]. New York:Oxford University Press,1978.

点重新建构新闻实践与价值评判的指标，才有可能真正改变女性在传播中所面对的各种显性和隐性的性别歧视与压迫。

20 世纪六七十年代，美国传播学的受众研究中逐渐出现了一种变化，即从以传播者的意图为中心转向以受众如何利用媒介信息、如何从中获得满足为中心，并根据后者来确定大众媒介的效果。这种研究方法和立场被归纳为“使用和满足”理论，在美国经验主义传播学的受众研究中占有重要的地位，同时是后来崛起的批判学派的关注对象。它本身不仅富有理论意义，而且蕴含着形成有关现代社会的某种理论的方向。①

在很长一段时间内，在传播学的受众研究中，对女性受众的研究并未受到额外的关注。对传播学五大核心期刊——《传播学刊》(*Journal of Communication*)、《新闻与大众传播季刊》(*Journalism and Mass Communication Quarterly*)、《广播电视与电子媒介学刊》(*Journal of Broadcast and Electronic media*)、《舆论季刊》(*Public Opinion Quarterly*)、《欧洲传播学学刊》(*European Journal of Communication*)的定量统计发现，直到 20 世纪 90 年代，以女性受众为考察对象的研究仅占 4.5%。②

1944 年，赫佐格对广播听众进行调查，探讨电台白天的连续节目为什么会吸引那么多的女性听众。赫佐格对 100 名女性听众做了长期采访，对 2500 名女性听众做了短期采访。研究结果发现，女性之所以喜欢这些连续剧，或是因为将其当作发泄情感的办法，或是因为将其当作满足个人“痴心妄想”的机会，或是因为想从中获得处世的指导。赫佐格的研究成果发表在《我们对白天连续节目的听众究竟知道

① 殷晓蓉.美国传播学受众研究的一个重要转折：关于“使用与满足说”的深层探讨[J].中州学刊，1999(5)：58-61.

② 廖圣清.20 世纪 90 年代西方大众传播学研究[J].新闻大学，2005(3)：16-25.

什么》一文中,被称作“历史性的论文”。①

从20世纪四五十年代开始,对于女性收视习惯与偏好的研究大多倾向于得出这样的结论:因为大部分女性没有走入公共领域,所以在家庭这个私领域中,她们的生活重点是家务劳动和维护家人之间的关系。因而,女性收看电视的时间是断断续续的,喜欢收看的媒介内容是“没什么价值的浪漫小说或肥皂剧”。

从“建立女性成为主体的机制”这一社会性别议题出发,女权主义媒介批评提出了“媒介快感”(Media Pleasure)/“受众快感”(Audience Pleasure)的概念范畴,用于说明女性收看电视节目并不完全是“为了打发时间”或“麻醉神经以逃避现实”,相反,女性的收视活动为她们提供了很多欢乐和满足的“快感”。

“媒介快感”/“受众快感”完全是从女性受众的主体角度提出的,因为以往那些认为“女性收看电视节目是无关紧要的活动”的观点,以及认为“女性收看的浪漫小说或者肥皂剧都是不切实际的媒介内容”的态度,反映的是男权至上的、贬低女性对事物的价值予以判断的能力以及无视女性主体性的观念与文化。因此,如果不改变评价男女收视差异的指标、不能从女权主义立场来分析男女受众收视的差异,即使掌握了媒介收视的性别化的具体差异,在赋予不同的收视习惯以价值的时候,也可能得出偏差性的、歧视性的结论。

塔妮亚·莫德尔斯基(Tania Modleski)在*Loving With a Vengeance: Mass-Produced Fantasies for Women*中对浪漫小说和肥皂剧进行了大量女权主义式的研究,其中很多经验不是来自普遍受众的体验,而是基于她个人的经验。这本著作在女权主义媒介批评中占有重要的地位,

---

① 殷晓蓉.美国传播学受众研究的一个重要转折:关于“使用与满足说”的深层探讨[J].中州学刊,1999(5):58-61.

因为它开启了女权主义媒介批评新的方法论——这种研究与一般的“性别化的媒介研究”不同,它更注重挖掘个体差异以及个体的主观经验,不会先入为主地将这种个体性的、主观性的理解视为“无价值”的或者“低价值”的内容。[①]

此外,20 世纪六七十年代兴起于英国的文化研究学派也开始影响到美国学术界对包括浪漫小说和肥皂剧在内的“大众文化”的理解。文化研究学派的观点与女权主义立场结合起来,为分析、评判女性受众的主体体验及相应的媒介产品的价值提供了理论依据。

总之,一些女权主义研究者为了强调和“性别与传播研究”的方法论及研究立场不同,提出用与之有一字之别的“性别传播研究”来反对将“社会性别”作为“传播学”修饰词的研究立场来命名那些将“社会性别”作为跨学科研究中认识论和方法论的核心的研究成果。因此,在 2000 年以后,一批延续了“女权主义媒介批评”研究立场与研究模式的成果以“性别传播研究”或“女权主义传播研究”为名陆续出版,如《性别传播理论与分析:从沉默到表现》[②]《女权主义传播理论》[③]等。

三、本节小结

“性别传播研究”在美国学术界具有“双重本体”。最初,那些对传播学展开的各种性别差异的相关研究被称为“性别传播研究”,但实为“性别与传播研究”。从研究取向上看,这一类研究一般运用定量研

---

① MODLESKI J. Loving with a Vengeance: Mass-Produced Fantasies for Women[M]. New York: Routledge, 1990.

② KROLØKKE C, SØRENSEN A S. Gender Communication Theories and Analyses: From Silence to Performance[M]. Thousand Oaks: Sage Publications, 2006.

③ RAKOW L F, WACKWIZ L A. Feminist Communication Theory: Selections in Contest[M]. Thousand Oask: Sage Publications, 2004.

究方法,本质上进行的是“传播的性别化”的研究。20 世纪 80 年代以后,这一类“性别传播研究”实质上已经明确为“性别与传播研究”,即在不改变既有的传播学研究立场与框架的前提下,将社会性别的批判视角有限地引入传播学不同层面的研究范畴。

自 20 世纪中后期开始,逐渐发展出“女权主义媒介批评”的研究立场与研究取向,它强调运用定性研究方法和社会性别理论框架来重新审视媒介研究,即摆脱原有的传播学研究的规范模式,运用女权主义认识论和方法论,对传播学展开一种革命性的价值重建。逐渐地,这种研究取向从针对媒介研究扩展为针对更为广义的传播学研究,并被命名为“女权主义传播研究”或者“性别传播研究”。

因此,“性别传播研究”和“性别与传播研究”“女权主义媒介批评”之间虽然都属于性别与传播的交叉研究范畴,但是“性别传播研究”与“女权主义媒介批评”都是以女权主义认识论和方法论为基础的批判性研究,和“性别与传播研究”所坚持的以传统传播学研究规范为主、以社会性别为辅助性的研究视角的研究立场截然不同。中外学界将三个研究领域不加区别地混为一体的做法都是不可取的。

以女权主义认识论为基础,对传播学进行结构性批判研究的性别传播研究才是“性别传播研究”的真正本体。这一特征也正是该研究领域在本体论层面的范式特征。

第二节　性别传播研究在方法论层面的范式特征

所谓“方法论”,是关于研究应当如何操作或者如何开展的一种理论和分析方法,它包括基本理论框架如何在某一学科中应用这方面的内容。①

当"性别传播研究"的第一种研究取向逐渐发展为"性别与传播研究"之后,尽管在学术界引起了较大的影响,但是也碰到了一个不可回避的问题:从社会性别的视角出发对传播学不同研究层面开展"性别化"的分析与阐释,逐渐形成了一套"标准化""机械化"的研究模式,即传播学的不同研究范畴内均存在着性别不平等和性别压迫的事实被一再复现,但批判所使用的理论及相关结论日渐僵化的问题。

性别传播研究的第二种本体和研究取向不是复现"已知的结论",而是重新发现问题——用社会性别议题重新反思和考察传播学已有的知识及其表述。为了实现这一目的,性别传播研究采用了女权主义方法论,加强了社会性别研究及女权主义方法论在跨学科研究中的影响。

一、将社会性别议题纳入传播学研究体系

从方法论的角度提炼性别传播研究的研究程序,首先需要回答"从什么角度出发?研究什么问题?",这意味着性别传播研究在方法论层面的范式特征,并非简单地关注研究进展的过程,而是从审视研究议题开始的。

女权主义学术提出了很多富于批判性的社会性别议题,这些议题对传播学研究内容与实践方向产生了很大影响。

以往,由于传播学研究中存在性别隔离的问题,因此,女性对于传播的参与、利用、反馈等的影响都没有得到充分的研究。为此,女权主

① 孙中欣,张莉莉.女性主义研究方法[M].上海:复旦大学出版社,2007:20.

义传播学者们设计了“与女性相关”的传播学研究议题,通过补充和挖掘被隔离、被贬低、被漠视的女性参与传播的历史来打破传播研究中的性别隔离。

例如,对女性公共演讲的研究使人们认识到女性作为传播者,其思想的智慧与对社会问题的深刻洞见。1851 年,在俄亥俄州妇女权利大会(Ohio Women's Rights Convention)上,索杰纳·特鲁斯(Sojourner Truth)发表了著名的演讲《我不是一个女人吗?》(*Ain't I a Woman*),指出美国文化赋予白人女性各种特权(如不必做苦工。事实上,19 世纪的美国社会对女性的行为准则按阶级划分了界限:白人中产阶级女性,尤其是已婚女性,如果加入社会经济活动,则被视为不成体统,只有下层女性,特别是黑人女性才能加入社会经济活动[①])。在男性与女性之间,以及在女性自身之间,都存在着形形色色的不平等,而且这些不平等不仅与性别相关,还与种族、阶级等划分社会身份的指标有着非常紧密的联系。索杰纳·特鲁斯的这篇演讲启发了日后黑人女权主义者对性别与种族身份的研究,也激发了黑人女权主义者创建“妇女主义”(Womenism)流派,以区别于白人中产阶级女性所创立和拥护的各种女权主义流派(feminisms)。

另外,对女性公共演讲、女性传记的修辞研究也是传播学研究中打破性别隔离的一个研究内容。

传统观念认为,女性善于谈话(talk),但不善于传播(communication),因为她们不具备传播的技巧,不能把握传播的修辞,也不具有传播有价值的内容的智慧。玛莎·索罗门(Martha Solomon)对这种观念进行了坚决而彻底的批判,她认为由于女性在历史上一直处于低等的地位,因此女性的智慧与价值也被相应地视为低等。女性并非没有在

---

① 查夫. 妇女与平等[M]. 牛津:牛津大学出版社,1997:23.

历史上“发出声音”，只不过这些声音被历史遗忘或者遮蔽了。

在《艾玛·戈德曼的世界》①中，玛莎·索罗门对艾玛·戈德曼（Emma Goldman）这位女性作家和无政府主义政治的倡导者的思想与职业生涯进行了梳理，认为其著作以及其创办的 *Mother Earth* 杂志运用了哲学思辨与现实批判的修辞，有力地传达了“反抗的女性”（rebel woman）精神。艾玛·戈德曼的文章与演讲中充满了无神论、言论自由、军国主义、帝国主义、婚姻和同性恋等激进议题，她是第一位将性别政治（gender politics）加入无政府主义哲学的女性。

此外，传播学领域的学者们为了消除男女两性在传播过程中的“隔阂”，一度非常热衷于研究男女两性在传播风格与传播习惯上的差异。不过，类似的研究碰到了很多障碍，研究者们很快发现，很难制定出相对科学且完备的评估差异的指标。因为无论是男性还是女性，都有着非常复杂、丰富且富于变化的沟通技巧和习惯，因此，无论是定性还是定量研究，都无法得到一个适用于所有情境的确定答案。

为此，性别传播研究的学者们提出了一个“add women and stir”原则（加入女性并改变原有的研究原则）——要将女性加入原有的知识、判断和实践过程，重新评估所有的论断，重新界定“合法”的文字、“重大”事件和“重要”的理念。

因而，探究男女两性在传播风格与传播习惯上的差异的这类研究，尽管没有得出某些“确定无误”的结论，但是取得了一定的积极影响：它使研究者们认识到，男女两性在传播风格与习惯方面表现出的差异不能简单地判定为两种性别之间的本质性的差异，否则很可能会犯“以偏概全”或“绝对化”的错误。此外，在设计评估指标的时候，必须要分析传统性别文化与机制对男女两性的影响，以及男女两性所处

① MARTHA S. The World of Emma Goldman[M]. Boston：Twayne Publishers，1987.

的社会地位、组织关系，分析发生传播事件时男女两性所处的不同情境，以及要实现不同的传播目的等因素对差异造成的综合影响。

对男女两性在传播风格与传播习惯上一系列“无功而返”的研究探索验证了女权主义学术所强调的社会建构论的观点，有力地批判了传播学研究中结构—功能主义以及本质主义的研究立场。结构—功能主义与本质主义是基于这样的认识论，即科学是价值中立的、客观的且能够避免主观干扰的；通过科学手段，可以发现和认识唯一存在的“真理”（“Truth”）。事实上，任何研究都不可能完全涤除主观性，因此不应否定个人经验的价值。性别传播研究肯定个人经验、知识与判断的价值，认同“个人的即政治的”观点。

总之，将社会性别议题纳入传播学研究体系，从研究思路、研究内容等方面为性别传播研究带来了新启发和新发现。

二、注重在研究中减少“等级关系”

（一）减少研究主体的等级关系

性别传播研究的研究主体，既非单纯等同于“女性”，也不局限在“激进的女同性恋者”群体中，更不是任何一个“权威的白人中产阶级女权主义者”。

在确认“谁是性别传播研究的研究主体”这一问题上，主流女权主义学者，特别是激进派女权主义认为，只有基于女性的经验才能理解女性受压迫的处境，因而最彻底的女权主义者应该是女同性恋，否则就是在观念上认同女权思想而在行动中顺从父权制异性恋霸权的“两面派”。在这些女权主义者看来，男性更是女权主义运动与学术要批判的首要对象。

这样的“激进主张”受到了来自女权主义内部与外部的批判。大部分女权主义研究者认识到，男性与女性一样，都深受父权制刻板化的性别制度的规制，并不存在完全的受益者。此外，男性也受到阶层与种族、年龄与资历等的影响，内部之间也存在很大的差异与等级，并非“铁板一块”。因而，虽然男性无法拥有或体验女性生活中的大部分经验，但是并不能就此否认男性可以理解女性追求平等的立场。毕竟，受压迫的经验是普遍的，并非仅由性别不平等的经验而得来。同理，出身中产阶级的志愿者虽然没有贫困者的经验，但是不妨碍其赞同并实践扫除贫困的立场。也就是说，不能将男性排除在性别传播研究者和研究对象的范畴之外。同样，不能把男性研究排除在性别传播研究内容的范畴之外。

针对男性研究本身而言，需要规避刻板化的研究模式与认知模式。在过去，如果研究男性，显而易见的研究议题涉及阶级和种族、年轻男性的道德恐慌、工人阶级的男性和黑人男性等。如今，男性研究关注的是社会生活中不同领域、不同处境的男性，如研究作为警察和罪犯的男性或研究男性在工作领域中的困境、男性和健康、男性和暴力、媒介对男性的呈现、父亲角色和教育中的男性等。

除此之外，研究主体也需要在自身社会身份认同上保持“减少等级差异”的清醒认识。

在女权主义者内部，由于人种的不同，长期以来也存在着身份认同上的等级划分。黑人女性曾指出，白人女权主义者对其享有的特权和特权的历史保持沉默，尤其是在白人女性从对黑人女性的剥削中得到了利益的情况下，黑人女性被迫从家务劳动转向辛苦的公共领域劳动。白人女权主义者拒绝承认她们拥有的特权，这就意味着女权主义运动内外的种族歧视不能被恰当地表现出来。此外，在女性群体中关注各种各样的差异——包括民族和种族的不同,也涉及阶级、年龄和身体健康等问题——这些问题都需要研究主体在设计研究程序时、在设立研究立场时予以考虑。

因而,性别传播研究的"减少等级"原则并不局限于性别的等级本身,而是对所有压迫经验的一种普遍的敏感。例如,对媒介、性别与身份政治的研究(*Media, Gender and Identity: An Introduction*, David Gauntlett, 2008),对媒体与男性身份认同的研究(*Media and Male Identity: The Making and Remaking of Men*, Jim R. Macnamara, 2006),对种族、性别与媒体之于受众、内容与制作者的多样性影响研究(*Race/Gender/Media: Considering Diversity Across Audience, Content, and Producers*, Rebecca Ann Lind, 2003),对权力、媒介、性别与技术的研究(*Critical Communication Theory: Power, Media, Gender and Technology*, Sue Curry Jansen, 2002),等等,都是性别传播研究的范畴。

(二)减少某些特定研究方法中的等级关系

性别传播研究的研究者们指出,正如社会关系中不对等的差异造成了等级压迫一样,在研究方法上,如果也存在等级关系,那么会不可避免地存在霸权压迫,因而无法达到科学与公正。

例如,问卷调查法中问题的选项基本上是按照调查者的主观想法、既有的知识与经验去设计的,与开放式答案相比,封闭选项占绝大多数;而且,尽管某些题目允许多选,但依旧没有超出既有的框架。因而,问卷调查与其说是对被调查者的认知与行为的一种归纳和概括,不如说是被调查者根据调查者设计的框架而提供的早已设计好的、潜在的既定答案。

再如,访谈法。传统社会科学讲求"背对背式"研究,认为访问者不能以被访者的谈话内容作为不加辨别的依据。访问者要与被访者保持一定的距离,不要让自己的观念或立场受到被访者的影响。性别传播研究的学者们认为,这种方式的访谈得出的结论依然是访问者既有观念中的内容,只不过是通过访谈这样一种形式,借助被访问者之口说出来而已,并没有真正还原被访问者的观点。因此,性别传播研究倾向于采用“面对面式”的研究方法,以被访者为主体,注重挖掘其独特的观点、立场与经验,并对之进行不夸大、不歪曲的概括。

(三)倾向于使用定性研究方法,但并不排斥定量研究方法

从事性别传播研究的学者们认同女权主义研究者对内容分析法不足之处的批评:内容分析法在设计评估指标时,往往缺乏理论框架的支持,因而不能为所得出的结论提供充分的、深入的解释。正因如此,强调阐释文本背后的意识形态以及注重以女权主义认识论和理论框架进行传播研究的性别传播研究开始尝试使用不局限于内容分析等定量研究的更多的研究方法。同时,女权主义媒介批评的兴起验证了定性研究方法对于开展性别传播研究的适用性。

定性研究是一种学问间的、跨学科的(transdisciplinary)且有时是反学科的(counter-disciplinary)领域,它横跨人文学科、社会科学以及自然科学。[①] 定性研究方法的这种特征与社会性别研究以及女权主义学术“既在学科之间,又在学科之外,甚至是反学科”的属性具有一定的契合性。

定性研究方法本质上是一种对既有社会科学的研究范式、传统加以质询(inquiry)的研究方法。这种方法关注的是如何(how)以及为何(why)做出决策,而不是仅梳理出某个事物发生的时间、地点和内

① 邓津,林肯.定性研究:方法论基础[M].风笑天,译.重庆:重庆大学出版社,2007:9.

容。说到底,定性研究方法是对人类行为本身以及如何管理人类行为做出的深层次探究。①

"定性"一词意味着强调过程和意义,对数量、总量、强度或频率等方面而言,它没有严格的检验或测量(如果需要进行测量的话)。定性研究者看重的是现实的社会建构本质,研究者和研究对象之间亲密的关系以及对调查施加影响的背景约束。研究者强调的是调查本身无法脱离价值观的一面,他们探寻的是有关社会经验是如何被创造并被赋予意义的问题。相比之下,定量研究以测量和分析变量而不是过程之间的因果关系为重点,其调查"属于一个不涉及价值改变的体系"。②

20世纪七八十年代以后,符号互动论、后实证主义、现象学、批判马克思主义等各种理论方法进入性别传播研究的视域。这些定性研究方法的应用以及相关研究结论,明确了性别传播研究在方法论上的以下特征:

首先,媒介呈现的性别模式与世界上男女两性可以操演的性别模式之间存在着很大的差别。"媒介即现实"在某种意义上是一个假命题,现有的大部分媒介大多是一种拟态现实,反映、复制、强化了不平等的性别制度。尽管受众的主体性决定了其对媒介呈现的内容会有全部接受、全部否定或选择性接受等不同的反馈,但是,在媒介日常化的时代,媒介呈现的"拟态现实"对受众观念与行为的影响依然值得研究。

其次,性别传播研究并不限于大众传播领域中的性别问题的研

① DENZIN N K, LINCOLN Y S. The Sage Handbook of Qualitative Research[M]. Thousand Oaks:Sage Publications,2005.

② DENZIN N K, LINCOLN Y S. The Sage Handbook of Qualitative Research[M]. Thousand Oaks:Sage Publications,2005.

究，与人际交往、社会关系相关的内容都属于传播研究的范畴。因而，定性研究的各种研究方法，不仅针对媒介研究，而且涉及更广义的“传播”研究范畴的人种志研究、符号分析或话语分析等，都属于性别传播研究的内容。例如，玛格丽特·米德的人种志研究旨在归纳特定社会环境下人们交际方式的特征，可视为对性别与人内传播、性别与人际传播的一种定性研究。

再次，定性研究往往会提供一种新鲜的、独特的切入点及阐释框架。研究者在采用定性研究方法时，没有像定量研究方法一样的“标准化”的程式，而是需要研究者谨慎地制订解释的框架。因而，定性研究没有唯一的解释方式和结论，总是会为研究对象提供多重的、不确定的、差异化的解释。

最后，性别传播研究一定不是只关于性别与传播的研究，而是以性别与传播为主，并结合其他多种外在或内在的影响因素的综合分析的研究。因此，研究设计除了关注“时间、地点、人物、事件、结论”等这些基本的事实要素之外，更慎重于考虑研究目的、研究过程、研究方法的选择与组合等问题。

在这个过程中，性别传播研究的方法论注重赋予原有的研究方法以一种更为深入的思考。例如，性别传播研究者把话语（discourse）描述成一种社会实践，这就意味着在特定话语事件和限制这一事件的场合、制度与社会结构之间存在一种辩证关系：话语事件受场合、制度和社会结构的影响，并反过来影响场合、制度和社会结构。在这个意义上，分析性别话语在媒介中的实践既要阐述特定的场合、制度和社会结构与之的关系，也要观照性别话语的媒介实践是如何影响场合、制度和社会结构的。

总之，以女权主义认识论为基础的性别传播研究，“充分吸收了女权主义科学方法的多样性,从而使得女权主义学者们能够更好地构造研究的策略”①。对研究程序进行越细致的设计,越能保证研究结论的“科学性”与“合理性”。

不过,需要注意的是,在传播学行政学派长期占主流的学术界,大多数研究者(包括女权主义研究者)都是作为传统定量研究方法的应用者和维护者而被训练与社会化的,因此,往往习惯性地采用传统方法论来思考研究的过程,并保守地运用定量研究方法来显示研究的“客观性”与“科学性”。

另外,片面强调定性研究之于女权主义学术或者性别传播研究的意义,很可能会陷入另一层面的霸权与极端。毕竟,没有“哪一种”或“哪一类”研究方法是唯一专属于女权主义学术研究或者性别传播研究的,不同的研究内容需要不同的研究方法或研究方法的组合。因此,性别传播研究虽然偏向于使用定性研究方法,但是并不排斥对定量研究方法的使用。

三、注重人文研究方法的开拓,尤其是思辨研究

所谓“人文研究方法”,是研究者通过操作抽象概念获得理论性结论的方法。与实证研究方法相比,它没有收集事实的问题,因而也没有用什么方法来收集事实的问题。人文研究方法来自哲学思辨的研究传统。当人文科学家对概念进行操作时,其主要方法是直觉、想象、抽象和理想化、比较、归纳和演绎等。有关人文研究方法与实证研究方法的区别,见下表 5.1②。

---

① MORAWSKI J. The Science Behind Feminist Research Methods[J]. Journal of Social Issues, 1997(4):667-681.

② 卜卫. 传播学方法论引言[J]. 国际新闻界,1996(4):34.

表 5.1 有关人文研究方法与实证研究方法的区别

研究方法	定义	分类	研究传统	研究方法
人文研究方法	操作概念	——	哲学思辨	直觉、想象、抽象和理想化、比较、归纳和演绎等
实证研究方法	操作事实	定性	文化人类学	观察和个案研究,文化批判
		定量	政治学	文献分析
			文学	文学批评(文本解读)
			社会学	社会调查
			心理学	控制实验

思辨研究是人文研究方法的典范,是一种通过操作概念获得理论性结论的方法。思辨研究与实证研究相比,其本质属性在于操作概念而不是操作事实,让事实符合自己的概念,而不是从事实中发现概念。实证研究的使命是确认事实,思辨研究则假定事实已确认,直接对所研究的现象进行概括:建立概念,发展一系列命题,进行逻辑推演,直至揭示理论性结论。[①] 思辨研究的基本规则是通过论证建立概念、命题及其逻辑关系;陈述事实,用以证明所建立的概念、命题及其逻辑关系的正确性。[②]

性别传播研究尽管也可以对“事实”进行研究,即采用包括定性与定量的实证研究方法,针对传播中的性别议题、社会性别研究框架内的传播学研究内容进行描述、阐释或量化研究,但其需要对“概念”进行研究,即对性别与传播的关系和性别传播研究的范畴、理论、方法及规律等进行研究。对后者所展开的研究没有具体针对的事实对象,而是依靠直觉、想象、抽象等建立性别传播研究的概念、命题与论证逻辑。这对于性别传播研究的学术定位和自身发展非常重要。

① 卜卫. 传播学思辨研究论[J]. 国际新闻界,1996(5):31.
② 卜卫. 传播学思辨研究论[J]. 国际新闻界,1996(5):33.

在研究比较抽象的概念与意识范畴时,性别传播研究有时会借用经典的故事,加入想象来重新反思既有的话语认同。

例如,《圣经》是西方世界基督教的经典典籍,其中,《创世纪》中记载,耶和华神认为亚当独居不好,于是为他造了一个配偶——女人夏娃。耶和华神将用土所造成的各样野地走兽和空中各样的飞鸟都带到亚当面前,看他怎么叫它们。亚当怎样叫各样的活物,那就是它的名字。亚当便给一切牲畜和空中飞鸟、野地走兽都起了名,只是亚当没有配偶帮助他。耶和华神使他沉睡,他就睡了;之后,耶和华神取下他的一条肋骨,又把肉合起来,造成一个女人,并领她到亚当跟前。亚当说,这是我骨中的骨、肉中的肉,可以称她为女人,因为她是从男人身上取出来的。

这段描述清晰地体现出基督教对于传统性别制度的维护:它赋予男性对万事万物(包括女性)命名的权力;男性对女性不仅有命名权,还有赋予女性生命的权力。也就是说,作为妻子的夏娃是亚当的私人财产。夫权制对于女性的压迫与控制得到了宗教教义的支撑。

对于宗教这样一个抽象的事物,女权主义研究者无法用事实来证明其教义的荒谬,因而运用思辨主义方法重新讲述了上帝创世纪的故事——

有一天,夏娃在伊甸园中遇到上帝,她说:"主,我碰到一个问题。"

主说:"什么问题?"

夏娃:"我知道你创造了我,而且给我提供了这么美丽的花园来居住,还创造了各种各样的动物、植物,特别是那条滑稽的蛇来逗我开心,但我依然感到不快乐。"

主:"为什么呢?"

夏娃:“主,我很孤独,我不想在苹果堆里孤独终老。”

主:“好吧,夏娃,我有一个解决办法,我创造一个男人来陪伴你。”

夏娃:“什么样的男人?”

主:“这个男人将有很多缺点和难以改变的恶习。他会说谎、欺骗,还可能是罪恶的人,而且他会令你生活艰难。但是,他会是一个肢体强壮、跑得快、能追逐和杀死野兽的人。他很容易冲动。既然你抱怨自己很孤独,那么我只有制造他出来,解决你生理上的需要。他有时会愚蠢无知,会孩子气,如打架或跟人争球踢。他一点也不聪明,时常需要你用智慧来对他提出忠告。”

夏娃:“听起来还不错! 对了,有什么需要我注意的吗?”

主:“嗯,因为他将是非常自负、自恋、目中无人的,所以你必须让他感觉是我先制造了他。你一定要记住这一点,这就算是我们之间的秘密吧,女人与女人之间的秘密!”①

从这段重写的故事中可以看到,女权主义者对宗教教义中有关性别制度的颠覆与嘲讽:

首先,上帝是个女性,而且了解男性的缺点,她让男性感觉自己有优越性,这源于她有很高的智商和情商。

其次,上帝首先制造了女性,并让她对万事万物有命名权。也就是说,女性的语言、观点也可以成为重要的、有决策力的话语。

再次,女性对于男性而言,能够提供精神和智慧上的忠告,而男性对于女性而言,更多的是解决生理上的需要。这一叙事打破了传统性

① BARCHUNOVA T V. The Selfish Gender, or the Reproduction of Gender Asymmetry in Gender Studies[J]. Studies in East European Thought, 2003, 55(1): 3-25.

别制度中将男性等同于理性以及将女性等同于感性的框架,并赋予理性高于感性、男性高于女性的等级化结构框架。

最后,这个被重新讲述的故事赋予了“欲望”以正面的价值。在过去传统的故事框架中,亚当是因为夏娃受到蛇的挑唆,偷食了智慧果(苹果)而有了羞耻心,于是有了两性的性关系,被上帝视为堕落而贬出伊甸园。在具有女权主义色彩的《创世纪》中,性和欲望本自人性,并不是一个与智慧(果)相对的、邪恶与堕落的事物。同时,在原有的《创世纪》中,女性因为性的欲望而承受“祸水”之名,并被视为低等的“现实”,这在女权主义的言说框架中是荒谬和充满歧视的“虚假故事”。

这个被重新“编写”和“解读”的《创世纪》的故事说明了一个问题:是基于父权制、夫权制,还是基于女权主义的认识论,将会制造出两套截然不同的历史话语与阐释框架。因而,对于女权主义学术而言,最重要的是从认识论、阐释框架与话语本身方面提出疑问,这样才可以从根本上批判父权制的意识形态与话语形式,并建立新的概念、理论框架与阐释逻辑。

四、本节小结

性别传播研究的方法论受到女权主义认识论的影响,并且融入了传播学实证学派与批判学派分庭抗礼的历史进程。传统的社会科学研究方法在研究程序的设置上往往缺乏性别视角,因而研究过程本身欠缺性别反思的意识。

为了更好地将社会性别议题引入传播学研究体系,性别传播研究必须寻求一种适用的方法论,来探索性别传播研究自身关注的问题,来设置性别传播研究的学术议程。在这样的认知基础上,性别传播研究既注重以思辨研究方法为主的人文研究方法，也注重定性研究和定量研究的实证研究方法。

从根本上来说，没有哪个具体的方法是专属于性别传播研究的，也没有哪个研究程序可作为性别传播研究的标准程序，只是说性别传播研究有一些方法论上规律性的特征和原则，如偏向于定性研究的实证研究方法以及偏向于思辨研究的人文研究方法等，这些特征和原则是为了使研究更科学、更合理。同样，任何一项研究都没有刻意排斥的方法，针对不同的研究内容，性别传播研究将采用不同的方法论、研究程序和研究过程。

本章小结

一直以来，学术界对“性别传播研究”和“性别与传播研究”“女权主义媒介批评/研究”之间的关系或者界限没有梳理得很清楚，所以很多研究文献采用相同或相似的研究题目，而忽略这些研究在研究范畴、研究方法、研究目的上的根本区别。

本章梳理性别传播研究的本体论与方法论，是为了强调这几个研究范畴之间既有联系，又有区别：凡是对传播学进行的“性别化”的研究，现在已经统称为“性别与传播研究”；强调运用女权主义认识论和理论框架的传播学研究，则称为“性别传播研究”，这种研究范畴的研究方法、研究框架基本上是从“女权主义媒介批评”的研究模式的基础上发展而来的，可以说“女权主义媒介批评”是“性别传播研究”的一个最主要的组成部分。“女权主义传播研究”与“性别传播研究”没有根本的不同,最多只是称谓上的差别。

性别传播研究的方法论在某种意义上表明了这一研究范畴的独特性:性别传播研究是开放式的、多样化的、探索性的,不仅在研究目的上注重增强性别平等的意识,在研究方法的选择上、研究程序的设计上也较为注重性别差异与平等的问题。

另外,性别传播研究注重分析传播学在男女两性的社会关系、权力关系、人际互动中的作用及影响,特别是传播研究如何探讨、呈现、深化社会性别议题。这一研究范畴力求用女权主义的认识论和社会性别这个“有效的分析范畴”来反思传统的传播学研究,来实践一种将社会性别与传播学真正结合的“性别传播研究”的规律与研究路径。相对于一般的研究对象,性别传播研究需要一些针对概念、范畴、理论、逻辑论证的相关研究,因而,除了一般的定性与定量的实证研究方法外,还需要大力发展思辨研究和人文研究方法。

以上所归纳的这些特点体现了性别传播研究在本体论和方法论层面的范式特征。

结 语

本书通过审视“社会性别”概念的理论发展及变迁，确认了女权主义运动、女权主义学术对美国社会及学界的影响。通过呈现女性参与社会运动时所经历的边缘处境以及女性真实生活与媒介呈现的主流价值和理想角色之间的落差，明确了“主体意识”对于女性的发展、对于女权主义认识论在性别与传播的跨学科研究中的重要意义，展现了美国性别传播研究所依托的政治语境、学术生态、女性个体与群体经验等构成的复杂而充满变化的“话语情境”，捕捉了美国性别传播研究围绕自身的研究规律、学科定位而产生的各种问题意识，从而对美国性别传播研究的历史加以梳理。

在对美国性别传播研究的历史展开论述的过程中，本书舍弃了对不同的女权主义流派的理论观点的梳理以及相关的性别议题对传播学研究的影响①，而是有意识地践行着思辨研究方法的研究程序，通过对社会性别的概念加以辨析，提炼围绕这一概念所产生的问题意识，

① 事实上，本书将各流派女权思潮的理论视野与性别议题从实证主义认识论和后实证主义认识论的角度进行了分类，区分了自由主义女权主义和其他流派的女权主义的基础哲学观和研究取向上的本质差别，并分析了这一差别造成了女权主义学术对传播学研究所产生的或为“改良性”，或为“改革性”的影响。再加上美国学界对于女权主义后学思潮的接受，并没有达到以法国为主的欧洲学派的繁荣程度，也限于篇幅的原因，本书舍弃了对不同流派女权思潮及其理论议题对传播学的影响的论述。

并设定相关的研究命题(如"性别传播研究"和"性别与传播研究"在本体和研究取向上的差异)。

本书还提炼了美国性别传播研究在认识论、本体论、方法论层面的范式特征,归纳出美国性别传播研究的研究特色。其主要体现在以下四个方面:

首先,对思辨和人文研究方法的重视与应用。这种研究方法是通过直觉、想象、抽象、比较、归纳和演绎等手段,对概念提出新的阐释框架,并获得理论性的结论。性别传播研究正是从强调"社会性别"这一核心概念的女权主义认识论和方法论出发,对性别与传播交叉研究的阐释框架提出了新的构建模式与主体关系,从而确认了性别传播研究独特的研究范式。

其次,注重阐释"情境化的知识"对具体研究内容的影响。性别传播研究并没有专属的、固定不变的研究理论或研究程序,而是在特定的政治经济和文化的具体语境下广泛利用自身及其他各种各样的理论资源和研究视角,加强各种可能影响到研究结论的相关因素之间的联系,尽量避免非此即彼的二元论思维以及本质主义和一元论的霸权思维与论断。

再次,始终坚持女权主义认识论和方法论,并以此为基础对其他交叉研究领域展开"理论增值"研究。性别传播研究的研究对象和研究内容非常广泛,经常会处于不同学科的研究范式和话语框架的交锋之中,但是性别传播研究能够在宏观和广泛联系的研究语境中保持女权主义学术研究的主体立场,并从女权主义认识论和方法论出发,以社会性别为基础理论分析范畴,在不同学科或理论观点之间找到阐释问题的连接点,使其他学科的知识为社会性别研究的理论框架重新编码,从而实现"理论增值"。女权主义传播政治经济学理论、女权主义传播批判理论就是在此思路下衍生出的“新”理论。

最后,发展出灵活多样且富于变化的理论视野与研究取向(“Transversity”)。性别传播研究一方面打破了不同学科之间的壁垒,将女权主义理论渗透到所有知识体系之中,并力争在跨学科研究中能够发挥主体作用;另一方面在努力破除社会性别研究和女权主义学术自身发展过程中所形成的僵化模式。

梳理美国性别传播研究的历史并对其研究范式加以辨析,有助于国内学界对于性别与传播的交叉研究的学术定位和发展脉络的了解,也有助于社会性别、新闻与传播及其他学科的研究者对这一研究领域的探索从不同的视角和研究路径上加以深化。

社会性别研究同样是国际传播研究的一个理论分析范畴,本书所提出的理论问题,有助于对跨国媒体传播中有关性别议题和性别政治进行深入的理论阐释。同时,女权主义政治经济学理论和女权主义传播批判理论是国际传播研究有用的理论资源。

本书主要使用了思辨研究方法,在对美国性别传播研究的话语情境的分析上沿袭了传播政治经济学、文化研究以及女权主义的分析视角。美国性别传播研究历经几十年的发展,要全面把握其发展历史,有必要对亲历者,尤其是对传播学研究出身的性别传播研究的学者展开深入的访谈;另外,也有必要从超越现有研究视角的其他理论维度对性别传播研究的历史和范式加以思考,以补充现有的研究结论之不足。

参考文献

主要中文著作文献:

[1]巴比. 社会研究方法[M]. 邱泽奇,译. 北京:华夏出版社,2009.

[2]卜卫. 媒介与性别[M]. 南京:江苏人民出版社,2001.

[3]弗里丹. 女性的奥秘[M]. 成都:四川人民出版社,1988.

[4]阿内尔. 政治学与女性主义[M]. 郭夏娟,译. 北京:东方出版社,2005.

[5]麦奎尔. 麦奎尔大众传播理论[M]. 崔保国,李琨,译. 北京:清华大学出版社,2006.

[6]罗杰斯. 传播学史[M]. 上海:上海译文出版社,2002.

[7]库珀. 如何做综述性研究[M]. 刘洋,译. 重庆:重庆大学出版社,2010.

[8]刘利群. 社会性别与媒介传播[M]. 北京:中国传媒大学出版社,2004.

[9]林芳玫. 女性与媒体再现:女性主义与社会建构论的观点[M]. 台北:巨流图书公司,1996.

[10]祖伦. 女性主义媒介研究[M]. 曹晋,曹茂,译. 桂林:广西师范大学出版社,2007.

[11]波克塞. 当妇女提问时:美国妇女学的创建之路[M]. 余宁平,占盛利,译. 天津:天津人民出版社,2006.

[12]闵冬潮. 全球化与理论旅行:跨国女性主义的知识生产[M]. 天津:天津人民出版社,2009.

[13]潘知常,林玮. 传媒批判理论[M]. 北京:新华出版社,2002.

[14]麦克拉肯,艾晓明,柯倩婷.女权主义理论读本[M].桂林:广西师范大学出版社,2007.

[15]詹森.批判的传播理论:权力、媒介、社会性别和科技[M].曹晋,译.上海:复旦大学出版社,2007.

[16]王政.女性的崛起:当代美国的女权运动[M].北京:当代中国出版社,1995.

[17]小约翰.传播理论[M].陈德民,等译.北京:中国社会科学出版社,1999.

[18]李特约翰.人类传播理论[M].史安斌,译.北京:清华大学出版社,2006.

[19]余宁平,杜芳琴.不守规矩的知识:妇女学的全球与区域视界[M].天津:天津人民出版社,2003.

[20]伍德.性别化的人生[M].徐俊,尚文鹏,译.广州:暨南大学出版社,2005.

[21]张锦华.媒介文化、意识形态与女性:理论与实务[M].台北:正中书局,1994.

主要中文期刊或论文文献:

[1]卜卫.方法论的选择:定性还是定量[J].国际新闻界,1997(5):49-54.

[2]卜卫.传播学方法论引言[J].国际新闻界,1996(4):34.

[3]卜卫.传播学思辨研究论[J].国际新闻界,1996(5):31.

[4]曹晋.批判的视野:媒介与社会性别研究(Media and Gender Studies)评述[J].新闻大学,2005(4):3-12.

[5]陈阳.性别与传播[J].国际新闻界,2001(1):59-64.

[6]陈卫星.从“文化工业”到“文化产业”:关于传播政治经济学的一种概念转型[J].国际新闻界,2009(8):6-10.

[7]郭镇之.席勒:传播政治经济学的批判领袖[J].国际新闻界,2002(1):65-69.

[8]刘禾,荒林.波伏娃的中国阅读,过去与现在[J].湖南人文科技学院学报,2008(1):21-27.

[9]刘禾.女性主义与当代学术成果[N].中华读书报,2002-11-13(17).

[10]穆尔维.视觉快感和叙事性电影[M]//李恒基,杨远婴.外国电影理论文选.上海:上海文艺出版社,1995.

[11]斯科特. 性别：历史分析中的一个有效范畴[M]//麦克拉肯. 女权主义理论读本. 桂林：广西师范大学出版社，2007.

[12]王政. "女性意识"、"社会性别意识"辨异[J]. 妇女研究论丛，1997(1)：14-20.

[13]王政. 国外学者对中国妇女和社会性别研究的现状[J]. 山西师大学报(社会科学版)，1997，24(4)：49-53.

[14]殷晓蓉. 美国传播学受众研究的一个重要转折：关于"使用与满足说"的深层探讨[J]. 中州学刊，1999(5)：58-61.

主要英文参考文献：

[1]FRIEDAN B. The Feminine Mystique[M]. New York：Dell，1963.

[2] HOOKS B. Feminist Theory：From Margin to Center[M]. Boston：South End Press，2000.

[3] Kroløkke C，Sørensen S. Gender Communication Theories and Analyses：From Silence to Performance[M]. Thousand Oaks：Sage Publications，2006.

[4] HARAWAY D. Situated Knowledges：the Science Question in Feminism and the Privilege of Partial Perspectives[J]. Feminist Studies，1988：575－599.

[5] Downs D A ，Allen D S ，Jensen R . Freeing the First Amendment：Critical Perspectives on Freedom of Expression[J]. American Political Science Association，1996，90(4)：904.

[6] TUCHMAN G，DANIELS AK，BENET J. Hearth and Home：Image of Women in the Mass Media[M]. New York：Oxford University Press，1978.

[7] RUBIN G. The Trafficin Women：Notes on the ' Political Economy' of sex[M]. New York：Monthly Review Press，1975.

[8] RUBIN G. Thinking Sex：Notes for a Radical Theory of the Politics of Sexuality[J]. Pleasure and Danger：Exploring Female Sexuality，1993：275-301.

[9] GALLAGHER M. Unequal Opportunities：The case of women and the media[M].

Paris: The UNESCO Press, 1981.

[10] BUTLER J. Gender Trouble: Feminism and the Subversion of Identity[M]. New York: Routledge, 1989.

[11] SCOTT W. Gender: A Useful Category of Historical Analysis[J]. American Historical Review, 1986, 9(5): 1053-1075.

[12] Johnson, Fern L. Positions for Knowing About Gender Differences in Social Relationhips[J]. Womens Studies in Communication, 1984, 7(2): 77-82.

[13] RAKOW L F. Women Making Meaning, New Feminist Directions in Communication[M]. New York: Routledge, 1992.

[14] MILLET K. Sexual Politics[M]. Urbana : University of Illinois Press, 2000.

[15] MULVEY L. Visual Pleasure and Narrative Cinema[J]. Screen, 1975, 16(3): 6-18.

[16] MCLAUGHLIN L. Feminist Communication Scholarship and "The Women Question" in the Academy[J]. Communication Theory, 1995, 5(5).

[17] ROFF J , WIEGMAN R. Who Can Speak: Authority and Cultural Identity[M]. Urbana: University of Illinois Press, 1995: 30-55.

[18] IRGARAY L. An Ethics of Sexual Difference[M]. London : Athlone Press, 1993.

[19] BARRETT M, DAVIDSON M J. Gender and Communication at Work[M]. Aldershot: Ashgate, 2006.

[20] GALLAGHER M. The Push and Pull of Action and Research[J]. Feminist Media Studies, 2001, 1(1): 11-15.

[21] FRYE M. The Necessity of Differences: Constructing a Positive Category of Women [J]. Signs, 1996, 21(4): 991-1010.

[22] CARD C. Feminist Ethics[M]. Lawrence: University Press of Kansas. 1991: 35-44

[23] MICKY L. What' s Missing in Feminist Research In New Information And Communication Technologies? [J]. Feminist Media Studies, 2006, 6(2): 191-210.

[24] WALLACE M. Invisibility Blues: From Pop to Theory[M]. LONDON: Verso, 1990:240-255.

[25] ARDIZZONI M. Feminist Contribution to Communication Studies: Past and Present [J]. Journal of Communication Inquiry, 1998, 22(3):296.

[26] CREEDONP J E, CRAMER J. Women in Mass Communication: Challenging Gender Values[M]. Thousand Oaks: Sage, 2007.

[27] RAKOW L F. Women Making Meaning: New Feminist Directions in Communication[M]. New York: Routledge, 1992.

[28] RAJAN R S. Real and Imagined Women: Gender, Culture, and Post-colonialism [M]. New York: Routledge, 1993.

[29] HARDING S. Feminism and Methodology[M]. Bloomington: Indiana University Press, 1987.

[30] STEPHEN T. Concept analysis of gender, feminist, and women's studies research in the communication literature[J]. Communication Monographs, 2000(67): 193-214.

[31] LAURETIS T D. The Technology of Gender[M]. Bloomington: Indiana University Press, 1987.

附录：

国内论文中论及媒介、传播与社会性别研究的历史或研究范畴的文献列表

作者	篇名	期刊	时间
卜卫	性别与传播：政策和现状	妇女研究论丛	1998. 1
陈阳	性别与传播	国际新闻界	2001. 1
丁宁	社会性别意识与大众传媒	中国青年研究	2002. 4
曹晋	批判的视野：媒介与社会性别研究（Media and Gender Studies）评述	新闻大学	2005. 12
卜卫	中国大陆媒介与性别/妇女研究回顾与分析（1995-2005）	新闻与传播研究	2006. 4
曹晋	媒介与社会性别研究的理论建构	南京大学学报（哲学、人文科学、社会科学）	2008. 4
付京香（采访）	性别传播：身份的建构与强化——访问加拿大性别与传播研究者基纳哈	国际新闻界	2009. 6
张敬婕	性别与传播研究30年发展轨迹	妇女研究论丛	2009. 6
庄佳	媒介与女性主义传播	新闻爱好者	2010. 5
王姣	大众媒介与女性主义传播困境	教育教学论坛	2010. 9
张敬婕	20世纪90年代以来性别传播研究的话语情境与研究取向	新闻与传播评论辑刊	2012. 12
张敬婕	论性别与传播交叉研究的两种范式	国际新闻界	2012. 2
张敬婕	性别传播研究的本体之辨	妇女研究论丛	2015. 1

人名索引

理论和理论化术语索引

社会性别身份认同(Gender Identity)
社会性别角色(Gender Role)
社会性别研究(Gender Studies)
世界妇女大会
私人领域
少数群体(Minorities)
实践性别(Doing Gender)
天生固有的性别(Innate Sex)
调整(Adjust)
替代性媒体(Alternative Media)
托马斯听证会
《塔卢瓦尔宣言》
文化帝国主义
文化工业(Cultural Industry)
文化产业(Cultural Industries)
行政学派
性别角色 (Sex Role)
性别隔离(Gender Segregation)
性存在(Sexuality)
性的主体(Sexual Subjects)
性/社会性别制度(Sex/Gender System)
性政治(Sexual Politics)
性别认定障碍(Gender Identity Disorder)
性别传播研究(Gender Communication Studies)
性别与传播研究(Gender and Communication Studies)
性别化(Gendered)
性别政治(Gender Politics)
性别歧视
性别规制
性别转换器(Gender Switch)
性骚扰(Sexual Harassment)
性取向
性别议题
习得的性别角色(Learned Gender Roles)
行政学派
新左派
新右派
象征性歼灭(Symbolic Annihilation of Women)
信息主权
信息传播新技术(ICT)
《行动纲领》
议题(Issue)
意识提升(Consciousness Raising)
语言传播(Speech Communication)
政治正确(Political Correctness)
政治经济学
政治自觉意识(Political Consciousness)
治疗(Therapy)
种族(Race)
知识生产体系
知识反刍
自我指涉(Self-referential)
自我赋权(Self-empowerment)

图书在版编目(CIP)数据

美国性别传播研究：历史脉络与范式框架 / 张敬婕著. -- 北京 ：中国传媒大学出版社，2024. 11

ISBN 978-7-5657-3621-6

Ⅰ. ①美… Ⅱ. ①张… Ⅲ. ①男女平等—传播媒介—研究—美国 Ⅳ. ①G206. 2

中国国家版本馆 CIP 数据核字(2024)第 030730 号

美国性别传播研究：历史脉络与范式框架

MEIGUO XINGBIE CHUANBO YANJIU：LISHI MAILUO YU FANSHI KUANGJIA

著　　者	张敬婕
策划编辑	黄松毅
责任编辑	张　静
特约编辑	李　婷
封面设计	拓美设计
责任印制	李志鹏

出版发行	中国传媒大学出版社		
社　　址	北京市朝阳区定福庄东街 1 号	邮　　编	100024
电　　话	86-10-65450528　65450532	传　　真	65779405
网　　址	http://cucp. cuc. edu. cn		
经　　销	全国新华书店		

印　　刷	唐山玺诚印务有限公司
开　　本	710mm×1000mm　1/16
印　　张	13. 25
字　　数	165 千字
版　　次	2024 年 11 月第 1 版
印　　次	2024 年 11 月第 1 次印刷

书　　号	ISBN 978-7-5657-3621-6/G · 3621	定　　价	68. 00 元

本社法律顾问：北京嘉润律师事务所　郭建平